Stijn Moekaars
Kein Tag ohne Bär und Biene

Stijn Moekaars
geboren 1964 in Bilzen (Niederlande), wollte
erst Pilot, Polizist und Feuerwehrmann werden.
Dann aber studierte er Pädagogik und war als
Lehrer tätig. Mit 25 begann er für Kinder zu
schreiben. Dies ist bereits sein zweites Buch mit
Geschichten von Bär und Biene.

Ute Krause
ist Filmerin, Drehbuchautorin und illustriert mit
großer Hingabe Bücher für Kinder. Ihr unver-
wechselbarer Zeichenstrich ist stets geprägt von
Humor und einer Prise Ironie. Sie lebt und
arbeitet in Berlin.

Stijn Moekaars

Kein Tag ohne
Bär und Biene

Kleine Geschichten
einer dicken Freundschaft

Aus dem Niederländischen von Mirjam Pressler

Mit Bildern von Ute Krause

Sauerländer

Copyright für den Text © 1998 by Uitgeverij Clavis
(Titel der niederländischen Originalausgabe: *Beer & Bij maken muziek*)
First published by Uitgeverij Clavis, Hasselt (Belgium) 1998

Die Deutsche Bibliothek verzeichnet diese Publikation in der
Deutschen Nationalbibliographie; detaillierte bibliographische
Daten sind im Internet über http://www.dnb.ddb.de abrufbar.

Copyright © der deutschsprachigen Ausgabe
und der Illustration 2003
Patmos Verlag GmbH & Co. KG
Sauerländer Verlag, Düsseldorf
Alle Rechte vorbehalten.
Umschlaggestaltung: heike ossenkop pinxit, CH-Basel,
unter einer Verwendung einer Illustration von Ute Krause
Druck und Verarbeitung: Stückle, Ettenheim
ISBN 3-7941-6012-6
www.patmos.de

Inhalt

Geige	7
Traurig	11
Farbe	14
Meer	17
Verirren	21
Schatz	25
Fliegen	30
Zwei	34
Tagebuch	39
Hinterseite	41
Lavendel	44
Bauchweh	49
Tanzen	53
Böse	58
Freunde	61
Segeln	64
Flügel	66
Theater	71
Violett	76
Aufräumen	81

Hund	86
Wettkampf	91
Blaubeeren	95
Sturm	99
Sich trauen	103
Kastanie	107
Post	112
Geduld	116
Neblig	119
Immer	123

Geige

Es war Morgen. Langsam stieg die Sonne hinter dem Hügel auf. Die Drossel in der Eiche flötete fröhlich ihr erstes Morgenlied.

Bär setzte sich auf den Bettrand. Er streckte die Pfoten aus. »Wuaaaa«, gähnte er.

Er kratzte sich am Rücken und an seinem dicken Bauch. Bär gähnte noch einmal und stand auf. Er füllte den Wasserkessel und stellte ihn auf den Herd. Dann zog er die Vorhänge zur Seite und machte das Fenster auf.

»Eine gesunde Luft«, schnaufte er. »Es geht nichts über gesunde Waldluft. Und ein bisschen Morgengymnastik. Ein bisschen.«

Bär streckte die Arme aus. Er beugte sie und streckte sie wieder.

»Eins, zwei …«, zählte er. »Eins, zwei … Das ist genug. Und jetzt noch die Fingergymnastik.«

Bär drehte sich um. Er ging zum Schrank und holte einen schönen Holzkasten heraus. Vorsichtig machte er ihn auf.

»Guten Morgen«, flüsterte Bär. »Guten Morgen, Geige. Hast du gut geschlafen in deinem Samtkasten?«
Bär zupfte an einer Saite. Dann an einer anderen.
»Oh«, nickte er und lächelte. »Du willst also, dass
ich spiele? Du brauchst es nur zu sagen.«
Bär nahm die Geige und den Bogen und ging wieder
zum Fenster. Er legte die Geige unter sein Kinn und
setzte den Bogen auf die Saiten. Mit einer langen
Bewegung schwebte die erste Note nach draußen.

Die Drossel hörte auf zu flöten. Sie hielt den Kopf schräg. Bär drückte auf eine Saite und strich darüber.

»Nun noch die Morgengymnastik für meine Finger«, sagte er.

Er bog seine Finger und hüpfte damit über die Saiten. Eine fröhliche Melodie sprang durch das Zimmer, durch das offene Fenster, hinaus in den Garten und zum Wald.

Biene kam angeflogen. Sie setzte sich auf die Fensterbank. Bär hatte die Augen geschlossen und spielte weiter. Biene sah Bärs Finger über die Geige tanzen. Der Bogen strich auf den Saiten auf und nieder. Biene wurde sehr fröhlich von der Musik. Ihre Flügel zitterten mit. Ihre Füße hüpften hin und her. Mit einem kurzen Seufzer strich Bär die letzte Note.

Biene klatschte. »Bravo! Bravo, Bär!«

»Oh.« Bär machte die Augen auf. »Ich wusste gar nicht, dass du hier sitzt, Biene.«

»Ich hörte dich spielen«, sagte Biene, »als ich aus dem Korb flog.«

»Ja«, sagte Bär. »Morgengymnastik für meine Finger.«

»Und Morgengymnastik für meine Flügel und meine Füße«, meinte Biene.

Bär schaute sie verwundert an. »Für deine Flügel und deine Füße?«

Biene nickte. »Ich konnte sie nicht still halten bei deiner Melodie.«

Bär lachte.

Der Wasserkessel in der Küche fing an zu pfeifen.

»Da«, sagte Bär, »spielt noch eine fröhliche Melodie. Eine Frühstücksmelodie. Frühstückst du mit mir?«

Biene nickte. »Gerne.«

Die Drossel hüpfte bis in die Baumspitze und flötete fröhlich weiter.

Traurig

Bär schrieb einen Brief.

Liebe Biene,
heute bin ich traurig.
Bär.

Bär faltete den Brief zusammen und wartete auf Igel. Jeden Morgen spazierte Igel vorbei, auf dem Weg zur Pilzwiese hinter dem Hügel. Dort wohnte Biene.
Bär drückte den Brief auf einen Stachel und ging wieder ins Haus. Er setzte sich in seinen Sessel und schaukelte traurig hin und her.

11

Biene saß auf dem Korb und genoss die Sonne. Als Igel vorbeikam, sah Biene den Brief. Sie machte ihn auf und las, was Bär geschrieben hatte. Sie schrieb zurück:

Lieber Bär,
ich komme heute noch zu dir.
Biene.

Biene wartete auf Igel. Auf dem Weg nach Hause würde er sicher wieder vorbeikommen.
Vielleicht dauert es aber sehr lange, bis Igel wieder heimgeht, dachte Biene. Bär ist traurig. Ich werde ihm den Brief selbst bringen.
Biene flog zu Bärs Höhle. Sie schob den Brief unter der Tür durch und wartete.
Bär hörte das Rascheln an der Tür und sah den Brief auf der Fußmatte liegen.
»Seltsam«, murmelte er. »Ist Igel schon mit der Post zurück?«

Bär las den Brief und lächelte. »Ach, die liebe Biene. Ich werde gleich einen Topf mit Blütentee aufsetzen, damit sie etwas zu trinken hat, wenn sie kommt.«

Gerade als Bär den Kessel auf das Feuer stellte, klopfte Biene an die Tür.

Bär machte auf.

»Hallo, Biene. Du bist schon da?«

Biene nickte. »Ja. Ich bin lieber gleich gekommen. Igel war noch nicht zurück. Es hätte ein bisschen lange gedauert, bis er dir den Brief gebracht hätte.«

»Komm herein«, sagte Bär.

Biene flog hinein.

»Danke für deinen Brief«, sagte Bär.

»Gern geschehen«, sagte Biene.

»Und danke, dass du so schnell gekommen bist«, sagte Bär leise.

Biene flog zu Bär und setzte sich auf seine Schulter.

»Geht es jetzt schon besser?«, fragte sie.

Bär nickte. »Ja, es geht schon ein bisschen besser, jetzt, wo du hier bist.«

Es wurde still im Zimmer. Fast vollkommen still. Auf dem Herd flötete der Kessel.

Farbe

Es war warm. Auf der Lichtung im Wald zitterte die Luft über dem Gras. Die Blumen beugten ihre Köpfe und die Farne ließen ihre Blätter dicht zusammengerollt am Stängel.

Es war sehr warm.

Bär saß unter einer großen Eiche am Rand der Lichtung. Er schnaufte. Er schnaufte noch einmal.

»Heute ist es aber wirklich warm«, stöhnte er. »Was meinst du, Biene?«

Biene saß neben Bär, in seinem Schatten.

»Das kann man wohl sagen, Bär.«

»Das kann man wohl stöhnen, meinst du doch.«

Bär betrachtete Biene. »Deine Flügel hängen ganz schlaff herunter.«

Bär schaute nach oben, zu den Zweigen der Eiche.

Kein einziges Blättchen zitterte oder raschelte.

»Es gibt noch nicht mal eine Spur von Wind«, sagte Biene. »Nicht den leisesten Hauch, um uns ein bisschen abzukühlen.«

Bär schaute auch nach oben.

»Wenn es so heiß ist, sollte man lieber nicht in der Sonne herumlaufen«, sagte Bär.

Die Sonne stand nun direkt über der Lichtung.

»Bär?«, fragte Biene.

»Hm?«

»Es heißt, man würde eine andere Farbe bekommen, wenn man lange in der Sonne bleibt.«

»Ach ja?« Bär warf Biene einen erstaunten Blick zu. »Welche denn?«

»Ich weiß es nicht.« Biene zuckte mit den Schultern. »Ich bin noch nie so lange in der Sonne geflogen.«

»Und ich bin noch nie so lange in der Sonne gelaufen.« Bär schüttelte den Kopf. Er betrachtete seinen braunen Pelz. »Stell dir vor, dass ich hellbraun werden würde. Oder gelb mit schwarzen Streifen oder so.«

Biene grinste. »Ja, dann würdest du aussehen wie ich, nur viel größer.«

»Ein Riesenbär ohne Flügel«, sagte Bär. »Und dann würde ich summen.« Bär summte mit seiner tiefen Brummstimme.

Biene nickte. »Nicht schlecht für einen Bär.« Sie betrachtete den blauen Himmel und murmelte: »Wenn ich in der Sonne fliegen würde, was für eine Farbe würde ich wohl bekommen?«

»Was hältst du von … von Blau?«, schlug Bär vor.

»Blau? Ist so etwas möglich?«

Bär zuckte mit den Schultern. »Vielleicht schon.«

Biene betrachtete ihren Bauch. »Stell dir vor, ich würde ganz blass. Oder weiß.«

»Dann wärst du eine Eisbiene«, sagte Bär lachend.

»Eine Eisbiene im grünen Wald.«

Bär legte sich die Pfoten über die Augen. Er kniff sie zu schmalen Spalten zusammen und spähte zum Himmel.

Dann seufzte er tief. »Ich finde es prima, wie ich aussehe.«

Biene nickte. »Und ich finde es auch prima, wie ich aussehe.«

»Das finde ich auch«, sagte Bär.

Eine kleine, weiße Wolke hing still am blauen Himmel.

Meer

ch würde so gerne mal das Meer sehen«, seufzte Bär eines Abends.

Er saß auf seinem Nachdenkstein und schaute hinunter ins Tal. Biene saß neben Bär auf dem Nachdenkstein. Auch sie schaute hinunter ins Tal. Die Sonne versank langsam hinter dem Hügel. Der Teich glänzte wie ein großer, runder Spiegel.

»Das Meer?«, fragte Biene.

Bär nickte. »Ja. Ich möchte so gerne mal das Meer sehen.«

»Warum willst du das Meer sehen?«, fragte Biene.

Bär schaute zum Himmel. »Sie sagen, dass der Himmel am Meer immer blau ist.«

»Ja?« Biene machte ein erstauntes Gesicht.

Bär nickte. »Ja, und immer scheint die Sonne.«

»Sagen sie das auch?«

Biene drehte sich zu Bär. Ihre Flügel zitterten leicht im Abendwind.

»Das sagen sie auch«, fuhr Bär fort. »Der Himmel ist dort immer blau und immer scheint die Sonne.«

Eine Schwalbe flog über den violetten Teich. Biene zitterte etwas schneller mit den Flügeln. Sie drehte sich unruhig auf dem Nachdenkstein hin und her. Bär sah der Schwalbe nach, die nun über den Teich flog. Sie tauchte ihren Schnabel kurz ins Wasser und schoss wieder nach oben.

»Das tun die Seemöwen auch«, sagte Bär. »Am Meer schießen die Seemöwen auch flach über das Wasser, sagen sie.«

Biene hüpfte auf dem Stein hin und her.

»Was hast du denn, Biene?«, fragte Bär. »Warum hüpfst du so nervös auf dem Nachdenkstein herum?«

Biene schaute Bär an. »Ich verstehe das nicht.«

»Was meinst du?«

Biene sprach weiter: »Dass sie sagen, dass am Meer der Himmel immer blau ist und dass die Sonne immer scheint. Und dass die Seemöwen flach über das Wasser schießen.«

»Ja«, nickte Bär, »genau wie die Schwalbe. Schau, sie macht es schon wieder.«

Die Schwalbe flog blitzschnell über den Teich und pickte mit ihrem Schnabel große Ringe ins Wasser.

»Und du glaubst das?«, fragte Biene.

»Sie sagen es doch.« Wieder zuckte Bär mit den Schultern.

»Und wer sind ›sie‹?«, wollte Biene wissen.

»Nun, ja, äh …« Bär machte ein verlegenes Gesicht. »Sie sind … äh … sie sind einfach sie.«

Biene nickte. »Ach ja, einfach sie.«

Bär schwieg kurz und blickte der Schwalbe nach, die hoch über dem Teich Purzelbäume in der Luft schlug. Biene saß still auf dem Nachdenkstein. Sie sah noch einen kleinen Punkt am Himmel.

»He, Biene«, rief Bär plötzlich und lachte.

»Ja?«

»Deshalb würde ich gerne mal das Meer sehen«, sagte Bär. »Weil ich sehen will, ob der Himmel dort immer blau ist und ob immer die Sonne scheint.«

»Und«, fügte Biene hinzu, »ob die Seemöwe genau so über das Wasser fliegt.«

Bär nickte. »Ja. Dann können wir selbst sehen, ob es stimmt, was sie sagen.«

Die Sonne versank nun ganz hinter dem Hügel. Über dem Teich wurde es dunkel.

19

»Sag mal, Bär«, sagte Biene.

»Was?«

»Was würden sie sagen, wenn ein Bär und eine Biene zum Meer gehen würden?«

Bär lachte. »Sollen sie doch sagen, was sie wollen.«

Verirren

Bär?«, fragte Biene.
»Hmmm?«
»Weißt du noch, wo wir sind?«
»Jetzt weiß ich es auch nicht mehr so genau«, sagte
Bär. Er blickte sich um. »Diese Bäume da habe ich
noch nie gesehen.«
Bär deutete auf eine Baumgruppe neben dem Sand-
weg.
Biene schüttelte den Kopf. »Nein. Und über diesen
Hügel bin ich auch noch nie geflogen.«
Auf der anderen Seite des Wegs führte der Wald steil
nach oben.
»Wir gehen noch ein Stück weiter«, schlug Bär vor.
»Irgendwo müssen wir doch rauskommen.«
»Hm«, brummte Bär. Er blickte Biene verlegen an.
»Ich hoffe es.«
Bär und Biene liefen nebeneinander. Es war still im
Wald. Kein Vogel zwitscherte. Kein Insekt summte.
»Weißt du, was ich denke?«, fragte Biene.
»Was denn?«

»Ich denke, wir haben uns verirrt«, sagte Biene.

»Ah ja?« Bär schaute Biene an.

»Ja«, fuhr Biene fort. »Wenn man den Weg nicht mehr weiß, hat man sich verirrt.«

»Oh.« Bär nickte. »Verirrt.«

Er hielt kurz an und stützte die Pfoten in die Seite. Biene hielt auch an und stellte sich neben Bär.

»Wenn wir nach links gehen …«, Bär schaute nach links, »… dann verirren wir uns wieder, denn diesen Weg kennen wir nicht.«

»Das stimmt«, bestätigte Biene.

»Wenn wir nach rechts gehen, durch den Wald, dann verirren wir uns auch«, sagte Bär.

»Das stimmt auch«, sagte Biene.

Bär schaute nach vorn. »Und wenn wir weiter geradeaus gehen, dann …«

»… dann verirren wir uns auch«, ergänzte Biene.

Bär nickte. »Und vom Verirren bekommt man Hunger.« Er rieb sich mit der Pfote über seinen dicken Bauch.

»Großen Hunger.«

Biene seufzte. »Wenn man sich verirrt hat, ist zu Hause der schönste Ort, den es gibt.«

Bär setzte sich an den Wegrand. Er legte den Kopf auf die Pfoten und seufzte.

»Zu Hause«, fuhr Biene fort, »zu Hause weiß man den Weg immer.«

Bär stieß sich einen Finger in den Bauch. »Zu Hause habe ich eine herrliche Apfeltorte mit Honigrand.«

»Zu Hause ist es überhaupt herrlich«, sagte Biene.

»Zu Hause ist es superherrlich«, bestätigte Bär.

Bär schaute hinauf. Ein paar Wolken zogen vorbei.

»He, Bienchen«, rief er und sprang auf. »Ich hab's!«

»Was hast du?« Biene schaute Bär erschrocken an. »Hast du dir wehgetan? Hat dich was gebissen?«

»Nein, nein.« Bär deutete nach oben. »Dort finden wir unseren Weg nach Hause.«

»Unser Weg nach Hause?«, fragte Biene. Sie runzelte die Augenbrauen. »Dort oben?«

»Ja.« Bär lachte. »Dort oben finden wir unseren Weg nach Hause.«

»Was meinst du?«, fragte Biene. »Ich verstehe kein Wort.«

»Hör zu«, sagte Bär. »Wenn du nach oben fliegst, kannst du sehr weit sehen, oder nicht?«

Biene nickte. »Doch, das stimmt.«

»Na also«, sagte Bär. »Dann siehst du vielleicht den Hügel oder den Teich oder die Lichtung im Wald.«

Biene lachte. »Natürlich! Dass ich nicht selbst daran gedacht habe.« Schnell flog sie nach oben.

Bär folgte Biene mit den Augen. Sie wurde zu einem schwarzen Punkt am Himmel. Er hielt sich die Hand über die Augen, um besser sehen zu können. Er wartete. Er wartete noch etwas länger.

»Da.« Bär hob die Pfote. »Das Pünktchen wird größer. Ist das vielleicht …«

Biene schoss wie ein Pfeil herunter. Außer Atem flog sie zu Bär.

»Bär«, keuchte sie, »Bär, weißt du, was ich gesehen habe?«

»Was denn?«

»Unser Zuhause, Bär, unser Zuhause.« Sie deutete in eine Richtung. »Da lang.«

»Hurra!« Bär sprang auf und küsste Biene auf den Kopf. »Gleich kriegst du von mir ein Stück Apfeltorte.«

»Mit Honigrand?«, fragte Biene.

Bär lachte. »Ja, mit Honigrand.«

Schatz

Bär lief in den Garten. In der einen Pfote hielt er eine rote Schachtel, in der anderen eine Schaufel. Er betrachtete die Blumen.

Nein, dachte er, es wäre schade um die Blumen.

Er ging weiter.

Hier vielleicht, im Gemüsegarten, zwischen dem

Rotkraut? Nein, auch nicht. Vielleicht würde ich die rote Schachtel zwischen den roten Krautköpfen gar nicht wiederfinden, dachte er.

Bär ging den Kiespfad entlang zur Bank neben der Haustür.

Das ist es, dachte er und deutete unter die Bank. Dort wird keiner nach meiner Schachtel suchen.

Bär schaute sich um. Hoffentlich sah niemand, was er tat.

»Man weiß ja nie«, murmelte er vor sich hin. »Vielleicht liegt irgendwo jemand auf der Lauer, um zu sehen, wo ich meine Schachtel verstecke.«

Niemand war zu sehen. Bär schob die Bank ein Stück von der Wand weg. Er nahm seine Schaufel und grub ein kleines Loch in die Erde. Dort stellte er seine Schachtel hinein und schaufelte Erde darüber. Er nickte. »So, da wird niemand nach der Schachtel mit meinem Schatz suchen.«

Gerade als er die Bank zurückschieben wollte, kam Biene angeflogen.

»Hallo, Bär, so fleißig?«

»Äh … ah … nein, gar nicht.« Bär rückte die Bank ein Stück nach hinten. »Nein, nicht wirklich.«

Er hielt die Pfote mit der Schaufel hinter den Rücken.

»Soll ich dir schnell mit der Bank helfen?«, fragte Biene.

»Mit der Bank?«, fragte Bär. »Mit welcher Bank?«

»Mit dieser Bank«, sagte Biene. »Diese Bank neben der Tür. Der Tür von deiner Höhle.«

»Oh!« Bär nickte. »Diese Bank meinst du.«

»Ja, diese«, sagte Biene.

»Nicht nötig.« Bär schob die Bank noch ein Stück weiter. »Sie steht schon wieder ganz richtig.«

Bär setzte sich auf die Bank. Er pfiff und schaute hinauf. Dann deutete er zum Garten.

»Die Blumen sind schön dieses Jahr, findest du nicht?«, fragte er.

Biene nickte. »Sehr schön. Wirklich sehr schön.«

Wie komisch Bär sich anstellt, dachte Biene und runzelte die Augenbrauen. Ob irgendetwas nicht stimmt?

»Bär?«, fragte Biene.

»Ja?« Bär schrak hoch. »Was ist?«

»Du benimmst dich seltsam«, sagte Biene. »Du erschrickst sogar, wenn ich dir eine einfache Frage stelle. Und du hältst die ganze Zeit die Pfote hinter den Rücken.«

»Erschrecken? Ich? Der Bär des Waldes?« Bär lachte gezwungen.

Biene deutete auf die Bank. »Du hast dich so schnell auf die Bank gesetzt.«

»Ja«, sagte Bär, »ich war müde.«

»Müde?«, fragte Biene. »Von was?«

»Vom Arbeiten. Vom Sch... äh ... vom Sch... Schlittschuhlaufen«, schoss es ihm heraus.

»Vom Schlittschuhlaufen?« Biene lachte. »Bär, es ist
doch mitten im Sommer. Und du bist müde vom
Schlittschuhlaufen? Wie ist das möglich? Es gibt hier
im Wald doch gar kein Eis, auf dem du Schlittschuh
laufen kannst.«

»Nein?«, fragte Bär.

»Nein.« Biene schüttelte den Kopf. »Bär, du hast ein
Geheimnis vor mir.«

Bär seufzte. »Ja, Biene, es ist wahr. Ich bin nicht
müde vom Schlittschuhlaufen. Ich bin eigentlich
überhaupt nicht müde.«

»Das habe ich mir gedacht«, sagte Biene.

Bär beugte sich vor und deutete mit der Schaufel auf
den kleinen Erdhaufen unter der Bank.

»Siehst du das?«, fragte er.

Biene flog unter die Bank. »Meinst du das dunkle
Häufchen da?«

Bär nickte. »Ja. Das ist mein Geheimplatz.«

»Oh«, sagte Biene. »Ist der Platz so geheim, dass ich
ihn nicht kennen darf?«

»Kannst du ein Geheimnis bewahren?«, flüsterte Bär.

»Das kann ich«, flüsterte Biene zurück.

»Wart mal.«

Bär richtete sich auf und schaute nach links und
nach rechts.

»Siehst du jemanden?«, fragte er.

»Hier unter der Bank doch nicht«, sagte Biene.

»Hier im Garten auch nicht«, sagte Bär.

Er schaute unter die Bank. Mit seiner Schaufel machte er das Loch wieder auf.

Peng.

»Was ist das?«, fragte Biene.

»Pssst«, sagte Bär. »Still, das ist mein Schatz.«

»Ein echter Schatz?« Biene zitterte mit den Flügeln.

Bär nickte. »Ein echter Schatz.«

Sehr vorsichtig hob er die Schachtel hoch und wischte die Erde ab.

»Was für eine schöne rote Schachtel«, sagte Biene.

»Ja. Aber was darin ist, ist noch viel schöner«, sagte Bär.

»Darf ich mal sehen?«, fragte Biene.

»Wirst du es auch niemandem verraten?«, fragte Bär.

»Ich verspreche es«, sagte Biene.

»Wirklich wahr?«

»Wirklich wahr, Bär.«

Biene setzte sich auf Bärs Schulter.

Ganz langsam machte Bär den Deckel auf.

»Oh, wie schön!«, flüsterte Biene.

Fliegen

Bär stand oben auf dem Hügel. Er breitete die Pfoten aus und bewegte sie auf und ab. Er beugte die Knie und machte kleine Sprünge.

»Nein«, stöhnte er, »so klappt es nicht.«

»Bär«, sagte Biene, die auf dem Nachdenkstein saß. »Du weißt doch, dass Bären das nicht …«

»Wieso denn nicht?« Bär zog die Schultern hoch. Er setzte sich neben Biene. »Du summst über die Grashalme hinweg, als wäre es nichts. Und Libelle schwebt ganz gemütlich über den Teich. Sie tanzt sogar hin und her. Und ich?« Bär seufzte. »Ich springe und hüpfe hin und her. Ich komme kaum vom Boden los. Mir fehlt was.«

Biene deutete auf ihre Flügel. »Ich habe Flügel. Und Vögel haben Federn.«

»Federn!« Bär sprang auf. »Das ist es! Mit Federn werde ich bestimmt fliegen können.«

»Nein, mit Federn geht es auch nicht«, sagte Biene. Aber Bär rannte schon zum Wald. Kurz darauf kam er zurück. Stolz hielt er zwei blaue Federn hoch.

»Die habe ich von der Ringeltaube«, rief er Biene zu.

»Bärchen«, versuchte es Biene, »ich glaube, dass …«

»Jetzt kann ich fliegen«, sang Bär. »Jetzt kann ich fliegen.« Er holte tief Luft, schaute zu den weißen Wolken am Himmel, nickte und hob die Hand. »Dahin fliege ich. Mit diesen Federn wird es klappen. Flieg mir nach, Biene, zu den Wolken.«

Bär spreizte die Pfoten. In jeder Pfote hielt er eine blaue Feder fest. Er beugte die Knie und wedelte mit den Federn auf und ab. Er sprang hoch.

»Ja«, rief er, »ich kann es fühlen. Es geht schon besser.«

Er sprang ein bisschen höher und wedelte noch heftiger mit den Pfoten.

Biene flog auf. »Bär, so schaffst du es nicht.«

»Ich werde fliegen!« Bär schaute zum Himmel. »Ich werde fliegen. Der allererste Bär des Waldes fliegt zu den Wolken.«

»Bär«, sagte Biene, »hör doch …«

Bär keuchte. »Mir wird ganz schön warm vom Fliegen.« Er ließ die Pfoten neben seinem dicken Bauch herunterhängen. »Ich muss mich ein bisschen ausruhen.«

Bär legte sich hin, mit dem Kopf auf dem Nachdenkstein. Biene setzte sich neben ihn.

»Bär«, sagte Biene leise.

»Hmm?«

»Bären können nicht fliegen.«

Bär setzte sich auf. »Bären können nicht fliegen?«

»Nein«, sprach Biene weiter. »Bären können nicht fliegen.«

»Und mit sehr vielen Federn?«, fragte Bär.

»Auch nicht mit sehr vielen Federn.«

»Und ich habe gedacht, dass …« Bär ließ den Kopf hängen.

Biene schob sich etwas näher zu Bär. »Es ist doch gar nicht schlimm, dass du nicht fliegen kannst«, tröstete sie. »Bären können dafür viele andere Dinge.«

»Glaubst du wirklich?«

Biene lächelte. »Ich weiß es ganz genau«, sagte sie. »Ich weiß es ganz genau.«

Zwei

Biene verließ den Bienenkorb. Es war ein schöner Tag. Die Sonne schien, die Blumenwiese duftete. Der Wind blies sanft durch das hohe Gras.

Wie schön es heute ist, dachte Biene und streckte sich. Sonne, Blumenduft und ein Windhauch.

Biene setzte sich auf den Rand des Korbs. Sie hob den Kopf. Der Schatten der grünen Eiche fiel auf den Korb.

Hm, dachte Biene. Wenn der Bienenkorb nicht unter diesem Baum stünde, dann könnte die Sonne schön warm auf ihn scheinen. Und wenn ich rausgehe, würde ich die Sonne sofort fühlen. Ich habe eine Idee! Ich verschiebe den Korb einfach ein bisschen.

Sie stellte sich neben den Bienenkorb. Sie drückte den Rücken gegen den Rand und stemmte sich mit den Füßen ab.

»Aaah! Pfffff!«

Sie schob mit aller Macht.

Und noch einmal. »Aaah! Pffff!«

Mal schauen, ob der Korb schon ein bisschen gerutscht ist, dachte Biene.

Sie bückte sich.

»Nein, nicht sehr viel, glaube ich«, murmelte sie. »Ich probier's noch mal.«

Biene stellte sich wieder an den Rand und schob, so fest sie konnte. Sogar ihre Flügel schoben mit.

»Pffff!«, keuchte Biene. »Jetzt ist der Korb bestimmt ein bisschen weiter gerutscht.«

Sie flog ein Stück vom Korb weg und setzte sich auf einen Grashalm.

»Ich glaube …«, sagte sie, »ich glaube, dass der Korb sich nicht bewegt hat.«

Biene seufzte.

»Und wenn ich nun da oben schiebe?«, murmelte sie. Sie sprang hoch. Der Grashalm schwang hin und er. »So muss es klappen«, rief Biene.

Sie flog zum Bienenkorb und setzte sich obendrauf. Mit allen Füßen packte sie das Schilfrohr des Korbs.

»Tief Luft holen«, sagte Biene zu sich selbst, »und gut konzentrieren. Dann klappt es bestimmt.«

Biene holte tief Luft, einmal, noch einmal.

»Ich zähle von drei bis eins und dann hebe ich den Korb hoch. Halt dich fest. Drei, zwei, eins …«

Mit aller Kraft zog Biene und flatterte mit den Flügeln. Ihr Kopf wurde knallrot.

»Pfff…« Biene presste die Luft aus den Lungen.

Ich versuche es noch ein letztes Mal, dachte sie.
Sie strich sich die Flügel glatt, machte zwei Kniebeugen und holte tief Luft.

»Drei, zwei, eins …«

Biene flatterte mit den Flügeln, so schnell sie konnte. Ihr Kopf wurde so rot, dass er fast platzte.

»Pfff…«, schnaufte sie und keuchte. »Ich glaube, ich schaffe es nicht. Ich kann es wirklich nicht.«

»Was kannst du nicht?«, fragte eine Stimme hinter der Eiche.

»Oh, guten Tag, Bär«, sagte Biene. Sie deutete auf den Korb. »Ich wollte meinen Korb so gerne in die Sonne stellen. Es ist herrlich warm in der Sonne.«

»Oh!« Bär nickte. »Hast du schon versucht, ihn zu schieben?«

»Ja«, sagte Biene, »hab ich. Aber ich hab's nicht geschafft.«

»Hast du schon probiert, den Korb hochzuheben?«, fragte Bär.

Biene zuckte mit den Schultern. »Hab ich auch schon probiert. Und es ging auch nicht. Ich bin nicht stark genug.«

»Oh«, sagte Bär. »Dann ist es wohl ein sehr schwerer Korb.«

»Ja«, sagte Biene, »er ist sehr schwer.«

»Und hast du es schon mal zu zweit probiert?«, fragte Bär.

Biene machte ein trauriges Gesicht. »Ich bin doch allein.«

»Aber ich bin doch jetzt da«, sagte Bär und deutete auf sich.

»Das stimmt«, sagte Biene. »Jetzt sind wir zu zweit. Willst du mir helfen?«

»Natürlich.« Bär lief zum Korb. »Du ziehst oben am Korb und ich verschiebe ihn ein Stückchen, okay?«

»Okay«, sagte Biene. »Ich zähle bis drei. Los geht's. Eins … zwei … drei …«

Biene zog am Korb und Bär verschob ihn mit seinen beiden dicken Pfoten.

Er lachte. »Das wär's! Steht er so richtig?«

»Er steht genau richtig.« Biene zitterte mit den Flügeln. »Zu zweit ist es fast von allein gegangen.«

Bär nickte. »Ich habe ein bisschen Hunger davon bekommen.« Er rieb sich den dicken Bauch.

Biene deutete auf den Korb. »Was hältst du von einem Töpfchen mit Honig?«

»Für uns beide?«, fragte Bär.

»Für uns beide.«

Biene hüpfte in den Korb.

Tagebuch

Bär saß an seinem Holztisch. Er hatte den Kopf auf die Pfoten gestützt. Sein Tagebuch war aufgeschlagen. Bär schrieb nicht. Er blätterte hin und her. Er las, was er geschrieben hatte.

Auf der Seite von gestern stand: »Es gefällt mir nicht, dass Biene auf Urlaub ist. Noch sieben Tage, bis sie zurückkommt. Das mag ich nicht. Bah.«

Auf der heutigen Seite hatte Bär wieder so angefangen: »Es gefällt mir noch immer nicht, dass Biene auf Urlaub ist. Noch sechs Tage. Dann kommt sie zurück. Mir kommt es vor wie hundert Tage.«

Bär hatte seinen Stift hingelegt und dachte nach. Ihm fiel nichts ein, was er noch schreiben konnte.

Bär seufzte. »Es passiert nichts, wenn Biene nicht da ist. Nichts Besonderes. Sonst ist immer was los. Wie schwimmen gehen zum Beispiel.«

Bär lächelte. »He, wie war das? Habe ich eigentlich etwas darüber geschrieben? Mal sehen.«

Bär blätterte weiter zurück in seinem Tagebuch. »Ja, hier steht es.«

Er begann zu lesen.

Er nickte. »Ja, natürlich. Biene hat sich auf meinen Bauch gesetzt. Sie hatte Angst, dass ihre Flügel nass werden.«

Bär starrte vor sich hin. »Das war doch wirklich was Besonderes«, murmelte er.

Bär blätterte noch weiter zurück.

»Ach ja«, sagte er, »hier. Damals hatte ich morgens in aller Frühe ein bisschen Lärm gemacht. Das Museum wurde eröffnet. Das Fühl-, Riech- und Probier-Museum. Das war auch etwas Besonderes.«

Bär las noch ein bisschen weiter.

»Herrlich«, sagte er zu sich.

Er stand auf und nahm einen Keks aus der Dose. »Auch herrlich.« Er betrachtete den letzten Keks, bevor er ihn in den Mund steckte. Er leckte sich die Krümel von den Fingern und schrieb auf die Seite von heute: »Biene, wenn du zurückkommst, ist es wieder etwas Besonderes.«

Hinterseite

Über dem Wald stand der Mond. Er schien auf die Baumspitzen. Hellgrüne Spitzen, dunkelgrüne Wipfel und dunkle Stämme. Über dem Teich schien der Mond viel heller. Es sah aus, als würde der Mond zurückscheinen.

Auf dem Nachdenkstein saßen Bär und Biene. Es war ein warmer Tag gewesen, aber nun war es frisch.

»Was für ein wunderbarer Windhauch«, sagte Bär.

»Schön frisch für meine Flügel«, sagte Biene.

Bär legte die Hand auf seinen Bauch. »Für meinen Pelz auch.«

»Und für die Hinterseite.« Er deutete über seine Schultern auf den Rücken.

Biene schaute ihn verwundert an. »Die Hinterseite?«

Bär nickte. »Ja. Mein Rücken ist die Hinterseite von meinem Bauch. Auf meinem Rücken ist auch Pelz.«

Biene lehnte sich zurück. »Ja«, sagte sie, »da ist auch Pelz.«

Biene schaute noch einmal hin. »Aber den kannst du nicht sehen, Bär.«

Bär schaute über seine Schulter. »Hmm.« Er reckte sich. »Nein, es geht nicht. Vielleicht über die andere Schulter.«

Er versuchte es über die andere Seite. »Hmm. Nein.« Er schüttelte den Kopf. »Das geht auch nicht. Du hast Recht, Biene. Ich kann meine Hinterseite nicht sehen.«

Biene deutete auf Bärs Rücken. »Keine Angst, Bär, dein Pelz glänzt hinten genauso wie auf deinem Bauch.«

»Und er ist genauso warm.« Bär schaute zu Boden. »Das kann ich fühlen.«

»Stimmt«, sagte Biene. »Das kannst du bestimmt fühlen.«

Eine Grille zirpte unter dem Strauch. Ein Frosch platschte in den Teich. Große Ringe ließen den Mond auf und ab wogen.

Biene betrachtete den Teich und den Mond am Himmel.

»Ob der Mond auch eine Hinterseite hat?«, fragte sie.

Bär nickte. »Bestimmt. Aber die sieht man jetzt nicht.«

»Oh«, sagte Biene, »aber es gibt sie, die Hinterseite?«

»Ja, es gibt sie bestimmt«, sagte Bär.

Biene seufzte. »Was für ein Glück. Stell dir vor, ein Mond ohne Hinterseite …«

»Das ist wie ein Bär ohne seine Freundin Biene«, fuhr Bär fort.

Biene lächelte.

Der Mond tanzte noch eine Weile im Teich mit.

Lavendel

Bär saß in seinem Garten auf der hölzernen Bank vor den Blumen. Er roch die violetten Lavendelblüten zwischen dem grünen Gras.

Er lachte. »Es ist fast, als wäre ich auf Urlaub im Süden. Die Sonne scheint und der Lavendel duftet.« Er holte tief Luft und seufzte glücklich. »Es ist hier so schön.«

Bär hielt sich die Hände über die Augen und betrachtete den blauen Himmel. Zwischen seinen Wimpern spürte er die Sonnenstrahlen. Er bekam Tränen in die Augen. Bär wusste nicht, ob das an der Sonne lag. Vielleicht auch daran, weil es hier so schön war. Es war einfach ein herrliches Gefühl, fand er.

Bär rieb sich eine kleine Träne aus dem Augenwinkel. Er seufzte noch einmal.

»Das muss Biene wissen«, murmelte er.

Er nahm ein Blatt Papier und schrieb:

Biene,
die Sonne scheint heute wunderbar.
Der Lavendel duftet noch viel wunderbarer.
Du solltest meine Augen und meine Nase
haben. Dann wüsstest du es genau.
Bär.

Bär faltete den Brief zusammen. Er wartete, bis Igel vorbeikam. Bär wusste, dass Igel an einem sonnigen Tag wie heute zur Lichtung im Wald gehen würde. Auf dem Weg konnte er Biene den Brief bringen.

»He«, sagte Bär, »ich glaube, da kommt Igel schon.«
In der Ferne wurde auf dem Sandweg ein bisschen Staub aufgewirbelt. Die Staubwolke wurde größer,

bis Igel am Zaun stand. Bär steckte den Brief auf einen Stachel. Igel wanderte weiter.

Bär jätete ein bisschen Unkraut im Garten. Er schrieb ein kleines Gedicht über die Sonne. Und er gab den Blumen mit der großen Gießkanne Wasser.

Bär beugte sich vor. »Was ist denn das hier?«

Zwischen den Rosensträuchern lag ein Brief.

Wo kommt der denn her?, überlegte Bär verwundert.

Für Bär, stand darauf. Und auf der Rückseite stand:

Von Biene.

Bär lachte. Das ging aber schnell. Er faltete den Brief auf und las:

> *Bär,*
> *ich habe deine Nase und deine Augen*
> *aber nicht. Wie sollte denn das gehen?*
> *Biene.*

Bär kniff sich in die Nase und blinzelte mit den Augen.

»Stimmt. Biene hat ihre eigene Nase und ihre eigenen Augen«, murmelte er.

Bär zuckte mit den Schultern.

Ich kann meine eigene Nase und meine Augen auch nicht hergeben, oder?, dachte Bär. Ich weiß was Besseres.

Er schrieb noch einen Brief.

> *Biene,*
> *stell dir vor, dass du riechst wie ich.*
> *Stell dir vor, dass du siehst wie ich.*
> *Bär.*

Bär faltete den Brief zusammen.

Wem kann ich den Brief jetzt mitgeben?, überlegte er. Vielleicht kommt gar niemand vorbei, der zur Lichtung geht. Und was, wenn Biene denkt, ich wollte ihr nicht antworten?

Genau in diesem Moment kam Biene angeflogen.

»Hallo, Bär«, sagte sie.

»Biene!« Bär sah erleichtert aus. »Ich bin froh, dass du da bist. Ich habe auf jemanden gewartet.«

»Ach ja?«, fragte Biene. »Warum hast du auf jemanden gewartet?«

»Damit ich ihm einen Brief für dich mitgeben kann.«

»Das trifft sich ja gut«, lachte Biene. »Hier bin ich.«

Bär nickte. »Das ist wahr.«

Er gab Biene den Brief.

Biene las ihn und faltete ihn wieder zusammen.

»Hm«, sagte sie. »Riechen und sehen wie du.«

Biene schwieg einen Moment. Sie betrachtete den Himmel, Bär und das Lavendelbeet. Sie lächelte. »Wunderbar«, sagte sie. »Bär, es ist wunderbar.«

Bauchweh

Verstehst du das?«, fragte Biene an einem Mittag. Biene und Bär saßen zusammen auf dem grauen Nachdenkstein unter der dicken Eiche. Die Sonne malte Sterne in den Teich unten im Tal.

»Was denn?«, fragte Bär. Er betrachtete ein Eichenblatt, das zu Boden taumelte.

»Jedes Mal, wenn ich Fräulein Wespe besucht habe«, antwortete Biene, »fühle ich mich nicht wohl.«

»Ach so.« Bär nickte. »Bist du gerade bei Fräulein Wespe auf Besuch gewesen?«

»Ja«, sagte Biene. »Heute Morgen.«

»Du fühlst dich also nicht gut«, sagte Bär.

»Nein, nicht besonders.« Biene deutete auf ihren Bauch. »Da ist alles ein bisschen durcheinander. Und hier …«, Biene deutete auf ihren Kopf, »ist alles ein bisschen schwindlig.«

»Hast du bei Fräulein Wespe etwas gegessen?«, fragte Bär. »Wenn man zu viel Johannisbeertorte isst, bekommt man Bauchweh.«

49

Biene schüttelte den Kopf. »Nein, es gab keine Johannisbeertorte.«

»Ach so«, sagte Bär.

»Es gab überhaupt keine Torte«, fuhr Biene fort.

»Seltsam«, sagte Bär. »Keine Torte.«

Der Frosch sprang in den Teich. Die Sterne tanzten auf und ab.

»Hast du denn zu viel getrunken?«, fragte Bär. »Wenn man zu viel süßen Honigwein trinkt, wird einem schwindlig.«

»Nein.« Wieder schüttelte Biene den Kopf. »Es gab keinen süßen Honigwein.«

»Ach so«, sagte Bär.

Biene schaute Bär an. »Es gab überhaupt keinen Wein.«

»Seltsam«, sagte Bär. »Wein also auch nicht. Und trotzdem hast du Bauchweh und dir ist schwindlig im Kopf.«

»Ja«, antwortete Biene.

Der Frosch kroch auf ein Seerosenblatt und quakte.

»Mal nachdenken«, sagte Bär zu Biene. »Du hast keine Torte gegessen und trotzdem hast du Bauchweh.«

»Stimmt«, sagte Biene.

»Du hast keinen Wein getrunken und doch ist dir schwindlig im Kopf«, fuhr Bär fort.

»Stimmt auch«, sagte Biene.

»Dann ist es etwas anderes«, sagte Bär.

Biene schaute zu dem Teich hinunter und seufzte.

Bär dachte nach. Er betrachtete die Eiche und den Nachdenkstein. Dann seufzte er auch.

Es wurde still auf dem Hügel. Nur der Frosch auf dem Seerosenblatt quakte noch einmal.

»Ich glaube, ich weiß es«, sagte Bär leise.

Biene hob den Kopf. »Ja?«

Bär nickte. »Ja, ich glaube schon. Hat Fräulein Wespe dir was erzählt?«

»Natürlich«, antwortete Biene. »Dafür ist ein Besuch doch da, dass man sich gemütlich unterhält.«

»Ja«, sprach Bär weiter. »Du hast dich also mit Fräulein Wespe gemütlich unterhalten, nicht wahr?«

Biene schaute Bär an. Sie zog die Schultern hoch und schüttelte den Kopf. »So gemütlich war es eigentlich nicht.«

»Was hat Fräulein Wespe denn gesagt?«

Biene rutschte unruhig auf dem Stein herum.

»Sie hat … sie hat …«, stotterte sie. »Sie hat gesagt, dass … dass meine Flügel stumpf wären.«

Bär nickte.

»Und sie hat auch gesagt, dass … dass das Gelb von meinem Pelz matt wäre.«

»Oh«, sagte Bär. »Deine Flügel stumpf und dein Pelz matt.«

Er beugte sich vor und betrachtete Biene.

»Hör mal, Bienchen«, flüsterte er.

»Was?«

»Deine Flügel sind überhaupt nicht stumpf.«

»Nein?«

»Nein.« Bär schüttelte den Kopf. »Sie glänzen wie die Sterne im Teich.«

Biene schaute hinunter zum Teich. Sie lächelte.

»Und …«, flüsterte Bär weiter, »dein Pelz ist überhaupt nicht matt. Dein Pelz glänzt wunderschön gelb in der Sonne.«

Biene lächelte.

Bär schaute zum Teich. Der Frosch saß mit geschlossenen Augen auf dem Seerosenblatt und döste.

»Bär?«, sagte Biene.

»Hm?«

»Ich habe schon ein bisschen weniger Bauchweh. Und mir ist auch nicht mehr so schwindlig.«

»Was für ein Glück«, sagte Bär. Er deutete zu seiner Höhle. »Was hältst du von einem Stück Torte?«

»Und ein Gläschen mit süßem Honigwein?« Biene sprang auf.

Bär nickte. »Ein Stück Torte und ein Gläschen süßen Honigwein und …«

»Und?« Biene runzelte die Augenbrauen.

»Und ein gemütlicher Plausch.«

Tanzen

Es war noch still am Morgen. Zwischen den Bäumen stieg langsam die Sonne auf. Sie stieß mit ihren Strahlen durch den Nebel. Auf dem Moos zitterten kleine Tauperlen.

Bär stand in der Tür zu seiner Höhle. Er reckte sich und gähnte laut.

»Wuaaah«, gähnte er und sagte zu sich selbst: »Guten Morgen, Bär. Hast du fein geschlafen?«

»Hmm«, antwortete er sich brummend.

»So, so, also nicht ganz so gut, höre ich. Was hältst du von einem Morgenspaziergang durch den Wald? Da geht es dir bestimmt gleich besser.«

Bär nickte. »In Ordnung.«

Er ging durch seinen Vorgarten zum Wald. Unterwegs atmete er tief die wunderbare Morgenluft ein. Er lachte. »Gesunde Waldluft in meine Lungen!«

Ein Schwarm Mücken spielte Fangen über einem Grasbüschel.

Bär stieß die Luft wieder aus. »Pfff.«

Er betrachtete die Sonne, die sich nun zwischen den

Baumblättern hindurchdrängte. Ein Sonnenstrahl tanzte direkt neben Bär. Er kniff die Augen zu. Der Strahl machte Sternchen auf seinen Wimpern.

»Alles tanzt im Wald«, rief Bär und hüpfte fröhlich zwischen den Eichen herum. »Und ich auch.«

Bär sprang von einem Fuß auf den anderen. Er drehte sich im Kreis, einmal, noch einmal.

»Uff«, stöhnte er. »Das ist mehr als nur ein Spaziergang. Das ist ein Tanz, ein richtiger Morgentanz.«

Als er sich unter eine Eiche setzte, kam Biene angeflogen.

»Hallo, Bär!« Biene winkte.

»Hallo, Biene!« Bär winkte zurück. »Machst du auch einen Waldspaziergang?«

Biene nickte. »Ja, einen frischen Spaziergang am Morgen.«

Sie setzte sich neben Bär ins Moos.

»Aber vorhin, als ich gekommen bin, habe ich etwas Verrücktes gesehen«, fuhr Biene fort.

»Etwas Verrücktes?« Bär machte ein verwundertes Gesicht.

»Ja«, sagte Biene. »Etwas sehr Seltsames.«

»Etwas Seltsames und etwas Verrücktes«, murmelte Bär. Er zuckte mit den Schultern. »Ich habe nichts gesehen. Jedenfalls nichts Seltsames oder Verrücktes.«

Biene lächelte. »Aha.« Sie schaute Bär geheimnisvoll an.

Bär schaute Biene an.

»Wieso aha? Du weißt mehr als ich«, sagte Bär. »Du tust wirklich sehr geheimnisvoll, Biene.«

»Ich glaube ...« Biene hielt kurz inne. »Ich glaube, ich weiß, was so seltsam und verrückt war im Wald.«

»Ach ja? Was denn?«, fragte Bär.

Biene deutete auf Bär. »Du.«

»Ich?« Bär tippte sich mit seiner großen Pfote auf den Bauch.

Biene lachte fröhlich. »Ja, du. Ich habe gesehen, wie du zwischen den Bäumen herumgetanzt bist. Du hast dich zweimal im Kreis gedreht.«

Bär wurde rot.

»Äh ... ja.« Verlegen kratzte er sich hinter dem Ohr. »Das war ... äh ... ich ... ja.«

»Ich fand es toll, Bär.« Biene zitterte mit den Flügeln.

»Wirklich?«

Bär hob den Kopf.

»Ja, Bär, wirklich. Der ganze Wald wurde fröhlich davon.«

Bär nickte. »Das stimmt.«

Er betrachtete Biene und die braunen Eichenstämme. Dann sagte er leise: »Aber es geht noch fröhlicher.«

Biene schaute Bär erstaunt an.

»Ja? Was meinst du? Jetzt tust du geheimnisvoll.«

»Hast du keine Lust …«, sagte Bär. Er machte eine Pause. »Hast du keine Lust, mit mir zu tanzen?«, fragte er dann. »Davon wird der Wald noch viel fröhlicher.«

»Natürlich habe ich Lust.« Biene sprang auf und tanzte mit Bär.

Böse

Biene saß auf einer gelben Blume im Wald. Die Blume duftete wundervoll in der Sonne. Aber Biene merkte es gar nicht. Sie trippelte hin und her. Dann flog sie auf ein Grasbüschel. Sie schob die Halme zur Seite und setzte sich mitten hinein. Aber auch dort blieb sie nicht lange. Sie wippte auf und ab und flog zu der großen Buche. Vom höchsten Blatt schaute sie hinüber zum Teich.

»Ich bin böse«, brummte sie. »Ich bin heute richtig böse. Nirgends ist es gemütlich. Auf der gelben Blume ist es nicht gemütlich und im Gras ebenfalls nicht. Und hier auf dem Baum gefällt es mir auch nicht.«

Biene legte die Pfoten übereinander. »Ich bin sehr böse. Und Bär ist nicht da. Gerade jetzt, wo ich ihn brauche.« Zwischen den Bäumen summte ein Schwarm Mücken. Biene betrachtete sie.

»Krachmacher«, murmelte sie. »Wie kann ich so in aller Ruhe böse sein?«

Biene flog zum Hügel und setzte sich auf den Nachdenkstein.

»Hier ist es zum Glück sehr ruhig«, sagte sie.

Sie seufzte.

Wenn Bär hier wäre, könnte ich ihm sagen, dass ich böse bin, dachte Biene. Aber dann fragt er, warum ich böse bin.

Biene zog die Schultern hoch.

»Dann sage ich, dass ich böse bin, weil ich mich böse fühle«, sagte Biene.

Im Tal flogen Wildgänse über den Teich. Sie verschwanden im Schilf.

Bär würde sagen, dass ich böse sein darf, dachte Biene. Aber ich sage dann schnell, dass ich nicht auf ihn böse bin. Nein, bestimmt nicht! Was für ein Gedanke!

»Hallo, Biene«, sagte jemand hinter ihr.

Biene drehte sich um.

»Bär!« Biene hob die Hand. »Endlich bist du da. Weißt du, wie lange ich schon auf dich warte? Und nirgendwo ist es schön heute. Nicht auf der Blume, nicht im Gras und nicht auf der Buche. Nirgends!«

Bär schaute Biene an. Er setzte sich neben sie auf den Nachdenkstein.

»Und ich bin böse«, fuhr Biene fort.

Bär sagte nichts. Er betrachtete das Tal und das Schilf, dann schaute er wieder Biene an.

»Warum bist du böse?«, fragte er dann.

»Ich bin böse, weil ich mich böse fühle.« Biene bewegte heftig die Flügel. »Aber ich bin nicht böse auf dich«, fügte sie schnell hinzu. »Auf dich nicht.«

Bär nickte. »Das weiß ich, Biene. Das weiß ich.«

Es war still auf dem Nachdenkstein.

Biene seufzte. Bär schaute hinunter zum Teich.

»Bär?«

»Hmm?«

»Hier … hier ist es doch schön.« Biene nickte. »Hier, bei dir.«

Bär legte Biene den Arm um die Schulter. Er lächelte.

Freunde

Es war Sommer im großen Wald. Die Sonne schien auf die Wipfel der hohen Eichen und malte glitzernde Sterne in den Teich. Die Blumen auf der Lichtung wiegten sich sanft hin und her.

Bär saß am Rand der Lichtung im grünen Gras. Biene saß neben ihm auf einer gelben Butterblume und schaukelte. Bär pflückte einen Grashalm und steckte ihn zwischen die Zähne.

Bär seufzte. »Wie schön es hier ist.«

»Hmm«, summte Biene.

»Und was haben wir für einen prachtvollen Sommer«, fuhr Bär fort.

»… bekommen«, ergänzte Biene.

Bär hob den Kopf. »Wieso bekommen?«

»Na ja«, sagte Biene. »Man hat keinen Sommer, man bekommt den Sommer, um ihn zu genießen.«

»Oh.« Bär nickte. Er hob die Schultern etwas hoch. Er konnte Biene nicht folgen. Der Grashalm wippte vor seiner Nase auf und ab, während er daran knabberte.

Biene strich sich über die Flügel. Sie glänzten fast so hell wie die gelben Butterblumen.

»Biene?«, fragte Bär.

»Hm?«, summte Biene.

»Was meinst du eigentlich damit, man hat den Sommer nicht, man bekommt ihn?«

Biene drehte sich zu Bär. Ihre Flügel zitterten in der Sonne in allen Farben des Regenbogens.

»Das ist ein bisschen kompliziert«, sagte Biene. »Ich werde versuchen, es dir zu erklären. Schau, du bist mein bester Freund.«

»Stimmt.« Bär nickte. »Das bin ich.«

Der Grashalm zitterte nun heftig.

»Du bist also mein bester Freund«, fuhr Biene fort. »Aber du kannst doch nicht sagen, dass du die Freundschaft hast, oder?«

Bär schüttelte den Kopf. »Biene, ich verstehe nicht, was du meinst.«

Biene flog kurz auf.

»Ich versuche es anders.« Biene setzte sich auf ein großes Blatt. »Du bist also mein bester Freund.«

Bär nickte. »Ja, immer noch.«

Biene lachte. »Stimmt. Wollte ich gerne deine Freundin sein? Und wolltest du das? Wolltest du, dass ich deine Freundin werde?«

Bär rutschte vor. »Ob ich wollte, dass du meine Freundin bist? Meinst du das?«

»Ja.« Biene nickte. »Ja, das ist es.«

»Ja, natürlich.« Bär sprang auf. »Es ist das Allerschönste, so eine Freundin zu haben wie dich.«

»Zu bekommen.« Biene legte den Kopf ein bisschen schräg.

Bär runzelte die Augenbrauen. Zu bekommen … Er wartete. Er zog den Grashalm aus dem Mund und schwieg.

Dann nickte er träge. »Ja, ja … Ich glaube, ich verstehe es. Ich habe also von dir bekommen, dass du meine Freundin sein wolltest. Und … du hast bekommen, dass ich dein Freund sein wollte.«

»Ja«, sagte Biene. »So ist es.«

»Das ist schon ein bisschen schwierig«, gab Bär zu. »Aber ich verstehe es. Und weißt du was, Biene«, er deutete auf Biene, »ich genieße dich genauso wie den Sommer.«

Segeln

Was hast du da?«, fragte Biene erstaunt, als sie über den Teich flog.

Bär winkte vom Ufer. »Hallo, Biene. Das hast du nicht gewusst, was?«

Biene schüttelte den Kopf. »Nein, das habe ich nicht gewusst.«

»Und wie gefällt dir mein Boot?«

Biene flog um den hohen Mast. »Es sieht toll aus. Großartig.«

Bär deutete auf die Mitte des Bootes. »Aber du hast noch nicht alles gesehen«, sagte er geheimnisvoll.

Bär stieg ein. Das Boot schwankte heftig hin und her. Biene erschrak. »Vorsichtig, Bär! Das Boot … es schwankt so gefährlich auf dem Wasser.«

»Keine Angst«, beruhigte sie Bär. »Schau.«

Bär zog an einem Tau und das große Tuch, das im Boot lag, bewegte sich aufwärts.

»Was tust du da?«, fragte Biene erstaunt.

»Das … das ist das Segel«, keuchte Bär. »Das hier ist ein Segelboot.«

Bär zog das große, weiße, dreieckige Tuch nach oben. Er machte das Tau am Mast fest. »Und wenn der Wind ins Segel bläst, fährt das Boot.«

Biene setzte sich auf einen Schilfstängel und schaute nach oben.

»Und je stärker der Wind weht«, sagte Biene, »umso schneller wird das Boot fahren?«

Bär nickte. »So ist es.«

Biene betrachtete den Teich, dann wieder das Segel. Sie schüttelte den Kopf.

»Aber der Teich ist doch nicht so groß«, meinte sie. »Wenn du immer weiterfährst, stößt du doch ans andere Ufer.«

Bär nickte. »Ja, aber deshalb gibt es ein Ruder an Bord. Mit einem Ruder kannst du ein Boot steuern. Es ist nicht so leicht, aber man lernt es schnell.«

»Und du kannst es?«, fragte Biene.

»Ja, schon«, sagte Bär. »Was hältst du von einer Bootsfahrt über den Teich?«

Biene betrachtete das Segel, das Ruder und Bär. Sie schwieg eine Weile.

Dann nickte sie. »Ich vertraue dir«, sagte sie.

Bär setzte seine Mütze auf und ging zum Ruder. Biene setzte sich neben Bär auf die Holzbank.

»Ich bin bereit, Kapitän Bär«, sagte sie lachend.

Bär machte das Tau los. »Halt dich fest. Auf geht's!«

Flügel

Juhu«, rief Biene fröhlich über der grünen Wiese mit den gelben Butterblumen. »Ist der Sommer nicht wunder-, wunderbar, Bär?«

Biene flog hoch und schlug einen Purzelbaum in der Luft. Im Bogen schoss sie an Bärs Ohr vorbei.

Bär nickte. »Ja, ich hör's. Du bist fröhlich.«

»Stimmt«, nickte Biene. »Ich fühle mich heute ganz leicht.«

Biene flog bis direkt über die Grasspitzen und dann zwischen ihnen hindurch.

»Vorsichtig, Biene.« Bär deutete auf die langen Stängel der Butterblumen. »Pass auf, dass du nicht gegen die Blumen fliegst. Du könntest dir wehtun.«

»Keine Angst, Bärchen«, rief Biene. »Ich kann gut fliegen. Und heute fliege ich besonders gut. Schau nur.«

Biene schlug nicht nur einen Purzelbaum, sondern gleich zwei, drei, sogar vier.

Bär versuchte Biene mit den Augen zu folgen.

»Mir wird ganz schwindlig«, rief er.

Die Sonne stand nun direkt über der Waldlichtung. Bär rieb sich kleine Schweißtropfen von der schwarzen Schnauze.

»Ich glaube, ich setze mich ein bisschen in den Wald«, stöhnte er. »Hier ist es viel zu heiß.«

Biene nickte. »Ich fliege mit dir. Im Wald ist es schön kühl. Ich werde ein Plätzchen für dich suchen.«

Bär nickte. »Gut. Bis gleich also.«

Biene hob ein Bein. »Bis gleich.« Sie schlug einen Salto in der Luft und verschwand zwischen den Bäumen.

Bär ging zum Wald. »Diese verrückte Biene«, sagte er und lächelte.

Gerade als er die erste Buche erreichte, hörte Bär jemanden rufen. Er blieb stehen und spähte in den dunklen Wald hinein.

»Biene, bist du das?« Bär schaute sich um. »Hast du ein schönes Plätzchen gefunden?«

»Bär … Bär …«, stöhnte ein Stimmchen leise.

Bär erschrak. »Mit Biene ist etwas«, sagte er. »Ich höre es. Biene, wo bist du? Biene?«

Bär machte ein paar große Schritte in die Richtung, aus der das Stimmchen gekommen war.

»Bär, hier bin ich!«

Bär schaute unter den Strauch.

»Hier bin ich«, klang es leise zwischen den dicken Dornenstängeln.

»Was ist passiert?«, fragte Bär. »Was hast du?«

»Ich bin gefallen«, stöhnte Biene. »Ich kann nicht mehr fliegen.«

»Wie kann das sein?« Bär bückte sich. »Lass mich mal nachschauen.«

»Siehst du etwas?«, fragte Biene zitternd.

»Ja«, sagte Bär. »Du hast einen kleinen Riss im Flügel.«

»Ich bin im Dornenstrauch hängen geblieben.«

Vorsichtig glitt Bärs Pfote unter Biene und hob sie hoch.

»Bleib ganz ruhig liegen«, flüsterte Bär leise.

»Oh, Bär«, stöhnte Biene. »Glaubst du, dass ich ... dass ich nie mehr fliegen kann?«

»Natürlich kannst du wieder fliegen«, beruhigte sie Bär. »Natürlich. Aber jetzt musst du dringend versorgt werden.«

Bär lief über den Pfad zu seiner Höhle. Er setzte Biene in den Schaukelstuhl. »Bleib hier sitzen, ich bin gleich wieder da.«

Biene betrachtete das kleine Loch in ihrem Flügel. Tränen traten in ihre Augen.

Warum war ich nur so dumm?, dachte sie. Warum bin ich so dicht an den Dornen vorbeigeflogen?

Kurz darauf kam Bär wieder ins Zimmer gerannt.

»Hier, da bin ich. Ich glaube, das wird dir helfen.«

Bär drehte eine Dose auf und nahm vorsichtig den

Deckel ab. An dem Deckel hing ein winziges Bürstchen.

»Was ist das?«, fragte Biene erschrocken.

»Das ist Harz von der Tanne«, antwortete Bär lächelnd. »Ich habe es von Biber bekommen. Damit kann ich das kleine Loch zumachen.«

»Glaubst du wirklich?«, fragte Biene zitternd.

»Wir müssen es probieren«, meinte Bär. »Ich bin bärenvorsichtig. Also los.«

Bär tauchte das Bürstchen in das Harz und strich über Bienes Flügel.

Er nickte. »Das war's.«

»Ich habe nichts gespürt.« Biene betrachtete ihren Flügel. »Hier, Bär, wo ist das Loch jetzt?«

»Verschwunden.«

»Du bist toll, Doktor Bär.« Biene strahlte.

Bär stellte die Dose auf den Tisch. »Doktor Bär verschreibt dir noch eine Medizin«, sagte er ernst.

Biene machte ein ängstliches Gesicht. »Eine Medizin?«

»Ja, ein Honigkeks wird dir gut tun.«

Biene nickte. »Und ob!«

Theater

Eines Morgens stand Bär vor der Tür seiner Höhle. Er hatte sich ein Laken um die Schultern gehängt. Zwei Ecken wurden von einer großen Wäscheklammer zusammengehalten. Auf dem Kopf trug Bär einen Kaffeewärmer. In den Pfoten hielt er einen Holzlöffel und schwenkte ihn durch die Luft.

»Aha, du falscher Löwe«, brummte Bär. »Bist du endlich da?«

Er fuchtelte noch heftiger mit seinem Holzlöffel. Das Laken schwang er nach hinten. »Komm her, du hässlicher Löwe«, rief Bär. »Bleib stehen.«

Bär ließ den Löffel sinken.

»Das geht natürlich nicht«, sagte er lachend. »Ich habe gesagt, dass der Löwe herkommen soll. Aber ich habe auch gesagt, er soll stehen bleiben. Das geht ja gar nicht. Ich versuche es noch einmal.«

Bär machte einen kleinen Schritt rückwärts und hob den Löffel. Er reckte den Kopf hoch und rief: »Aha, falscher Löwe aus dem dunklen Wald. Bist du endlich hier? Bleib stehen, ich komme zu dir.«

Bär nickte. »Das war schon besser.« Er hüpfte vorwärts. Der Kaffeewärmer rutschte ihm über die Augen.

»Wo bist du jetzt, ängstlicher Löwe?« Bär blickte sich mit dem heruntergerutschten Kaffeewärmer um. »Es ist auf einmal so dunkel im Wald.«

Er schob den Kaffeewärmer wieder hinauf.

»Das ist auch nicht gut.« Er schüttelte den Kopf. »Wie kann ich den Löwen fangen? So klappt es doch nie.«

Bär setzte sich auf die Bank. Er legte den Löffel neben sich. Mit einem Zipfel des Lakens rieb er sich über die Stirn.

»Pfff«, schnaubte er. »Es gelingt mir wirklich nicht.«

»Was gelingt dir nicht, Bär?«, sagte Biene, die gerade angeflogen kam.

»Hallo, Biene«, grüßte Bär. »Ich kann den Löwen nicht fangen.«

Biene erschrak. »Einen Löwen? Einen richtigen Löwen? Gibt es einen richtigen Löwen in unserem Wald? Wie …«

»Nein, nein«, beruhigte sie Bär. »Kein richtiger Löwe. Ich spiele nur Jäger. Ich tue, als würde ich einen Löwen fangen.«

»Der Löwe ist also gar nicht echt?«, fragte Biene.

»Nein«, sagte Bär. »Es gibt keinen Löwen.«

Biene grinste. »Aber du bist doch echt, oder?«

»Ja«, sagte Bär lachend. »Zum Glück.«

Er nahm den Holzlöffel und drehte ihn hin und her.

»Aber es klappt nicht so gut«, sagte er seufzend.

»Theater spielen ist sehr schwer.«

Biene blickte Bär erstaunt an.

»Das verstehe ich nicht«, sagte sie. »Ich dachte, du spielst Jäger. Und jetzt sagst du, dass du Theater spielst.«

»Ja«, antwortete Bär. »Ich tue, als wäre ich ein Jäger. Und wenn man so tut als ob, heißt das Theater spielen.«

Biene nickte. »Jetzt habe ich es kapiert. Also wenn du einen Jäger nachmachst, spielst du Theater?«

»Stimmt«, sagte Bär. »Und beim Theaterspielen kann man sein, was man will.«

»Kann man auch ein Löwe sein?«, fragte Biene.

»Ja, kann man«, antwortete Bär.

»Und ein Elefant?«

Bär nickte. »Ja, ein Elefant geht auch. Man kann einen Frosch spielen oder eine Heuschrecke oder …«

»Oder einen Bär?«, fragte Biene. Sie zitterte mit den Flügeln.

»Ja, auch das.« Bär lachte. »Man kann auch ein Bär sein.«

Biene flog auf und setzte sich auf den Rand der Bank.

»Bär?«

»Hmm?«

»Was hältst du davon, wenn ich Bär spiele?«, fragte Biene.

Bär machte ein erstauntes Gesicht. »Willst du Bär sein?«

»Ja.« Biene flog auf. »Und dann bist du …«

Einen Moment war es still.

»Dann bin ich Biene.« Bär sprang auf. »Bienchen, das ist eine tolle Idee. Und zu so einer tollen Idee gehört ein …«

»Honigkeks?«, fragte Biene.

Bär lachte. »Du bist schon ein richtiger Bär.«

Violett

Biene saß oben auf ihrem Korb. Sie betrachtete das violette Kleefeld, das im Wind hin und her wogte.

»Auf dem Rücken im violetten Meer liegen«, sagte Biene. »Das wäre wunderbar. Ruhig wegträumen zwischen violettem Klee.«

Biene seufzte. »Was würde Bär davon halten? Ich schreibe ihm einen Brief. Ich frage ihn, ob er auch einmal auf dem Rücken im Kleefeld liegen will.«

Biene nahm ein Blatt Papier und schrieb:

> *Bester Bär,*
> *ich schreibe »bester«, denn ich halte dich*
> *wirklich für den besten Bär. Ich sollte auch*
> *»Freund« dazuschreiben. Gut, dann tue ich*
> *es also:*
> *Bester Freund Bär,*
> *hast du schon einmal in einem violetten*
> *Meer auf dem Rücken gelegen?*
> *Deine Freundin Biene.*

Biene faltete den Brief zusammen. Sie wusste, dass Igel vorbeispazieren würde. Dem konnte sie den Brief mitgeben. Biene wartete. Die violetten Blumen nickten im Wind.

Kurze Zeit später kam Igel über den Sandweg.

»Hallo, Igel.« Biene winkte Igel mit dem Brief zu. »Ein Brief für Bär.«

Biene flog vom Korb und steckte den Brief vorsichtig zwischen die Stacheln.

»Für Bär«, sagte sie. »Vergiss es nicht.«

Igel hob eine Pfote und ging weiter.

Biene flog zum Kleefeld. Sie strich sich schnell über die Flügel und legte sich der Länge nach zwischen die violetten Blumen.

Biene seufzte. »Es ist herrlich hier. Ich kann ruhig nachdenken, genau wie auf dem Nachdenkstein auf dem Hügel. Ich kann an die Wolken denken, an die Sonne und an den Mond. Ich kann über Honigtöpfe nachdenken und über Honigkekse. Oder ich denke an meinen Freund Bär. Und an das violette Meer.«

Plötzlich sprang Biene auf.

»Das violette Meer«, rief sie und schaute sich erschrocken um. »Ob Bär überhaupt weiß, dass ich das Kleefeld meine?«

Biene zitterte. »Wenn Bär das nicht weiß, kann er das Feld auch nicht finden. Und dann kann er auch nicht kommen. Was soll ich jetzt tun?«

Biene zitterte nervös mit den Flügeln.

»Ich muss schnell noch einen Brief an Bär schreiben.« Sie flog auf. »Dann schreibe ich, dass er Igel nachgehen soll. So kommt er sicher am Kleefeld heraus.«

Biene nahm noch einen Zettel und schrieb.

Bester Freund Bär,
vielleicht weißt du
nicht, wo das violette
Meer liegt. Aber
wenn du Igel nach-
gehst, kommst du
hin.
Noch mal, deine
Freundin Biene.

Biene faltete den Brief zusammen.

»Oh!« Sie schaute den Sandweg entlang. »Ich habe gar nicht daran gedacht, dass Igel jetzt zu Bär gegangen ist. Mit meinem ersten Brief.«

Biene betrachtete den zweiten Brief.

»Er kann ihn natürlich nicht mitnehmen zu Bär. Was nun?«

Biene schaute vom Sandweg zum Brief und wieder zum Sandweg.

»Na gut«, sagte sie und flog auf. »Dann bringe ich den Brief eben selbst hin.«

Und mit dem Brief zwischen den Beinchen flog Biene zu Bärs Höhle. Unter ihr schwankte das violette Feld hin und her.

Biene war gerade losgeflogen, da lief Igel zum Korb. Und hinter Igel lief ... Bär.

»Biene, juhu!«, rief Bär. »Biene! Hier bin ich.«

Mit seiner dicken Nase direkt vor der Öffnung rief er noch einmal: »Biene, wo bist du?«

Er bekam keine Antwort.

Bär schüttelte den Kopf. »Seltsam. Niemand daheim. Und Biene hat mich in ihrem Brief doch gefragt, ob ich kommen will.«

Bär schaute hinter den Korb.

»Biene?«

Er wartete. Nein, da war niemand.

»Seltsam.« Wieder schüttelte er den Kopf.

Gerade als Bär leise an den Korb klopfte, kam Biene angeflogen.

»Hallo, Bär«, rief sie. »Bist du schon da?«

Bär nickte. »Ich schon, aber du warst nicht da.«

»Nein.« Biene setzte sich keuchend neben den Korb.

»Nein, ich war nicht da.«

»Wo warst du?«

»Ich bin zu dir geflogen.«

»Zu mir?« Bär schaute sie ungläubig an.

Biene nickte. »Ja, zu dir, mit einem zweiten Brief. Ich wusste nicht genau, ob du den Weg zum Kleefeld weißt.«

»Zum Kleefeld?« Bär runzelte die Augenbrauen und zuckte mit den Schultern. »Ich dachte … Ich kapiere gar nichts mehr.«

»Komm mal mit.« Biene sprang auf und flog zum Kleefeld.

Bär lief hinter ihr her. Plötzlich blieb Bär stehen. »Oh, Biene, schau mal …« Er deutete auf die wiegenden Blumen. »Das Kleefeld ist wie ein Meer. Ein violettes Meer.«

Biene lachte. »Das habe ich doch gesagt.« Aufgeregt summte sie hin und her.

»Ich bin bereit, in das violette Meer einzutauchen, Biene«, sagte Bär. »Kommst du mit?«

»Natürlich komme ich mit.« Biene nickte. »Eins, zwei …«

Aufräumen

Es war noch still im Wald. Nur der Frosch im Teich quakte »guten Morgen«. Biene flog zu Bärs Höhle. Sie klopfte leise an die Tür und wartete. Es blieb still.

Schläft Bär vielleicht noch?, überlegte Biene. Dann hat er das Klopfen bestimmt nicht gehört. Ich versuche es noch einmal.

Klopf, klopf.

Dann klopfte Biene etwas lauter. Hinter der Tür blieb es still. Biene flog zum Fenster und schaute hinein. »Seltsam«, murmelte sie. »Ich sehe eine Teetasse auf dem Tisch stehen. Daneben liegt das Brotbrett. Bär hat bestimmt schon gefrühstückt.«

Biene zog die Schultern hoch. »Vielleicht ist er schon weg, auf einem Waldspaziergang oder so.«

Gerade als Biene wegfliegen wollte, hörte sie Rumoren in der Höhle.

Biene schaute hoch. »Was war das?«

Oben an der Höhle war ein kleines Fenster. Es stand offen.

Das Geräusch kam von dort, dachte Biene. Sie flog zum Fenster und setzte sich auf den Rand.

»Hallo!«, rief sie hinein. »Hallo, ist da jemand?«

»Ja«, kam eine Stimme hinter dem großen Schrank hervor. »Hier ist jemand.«

»Bär?«, fragte Biene. »Bist du es?«

»Ja, ich bin's.« Bär schob seinen Kopf an der Schranktür vorbei.

Um den Kopf hatte er ein rotes Tuch mit weißen Punkten gebunden. Vor seinem dicken Bauch hing eine lange Schürze.

Biene prustete vor Lachen. »Bär«, kicherte sie. »Wie du aussiehst! So … so …«

»Putzig?« Bär hob die Arme.

»Oh«, sagte Biene. »Das ist deine Putzkleidung?«

Bär nickte. »Ja, ich habe mit dem großen Dachboden-Aufräum-Tag begonnen.«

»Dem großen was?« Biene runzelte die Stirn.

»Dem großen Dachboden-Aufräum-Tag. Und das ist wirklich nötig. In der Mitte des Zimmers steht, was ich schon aufgeräumt habe.«

»Oh«, sagte Biene und schaute sich um.

Mitten im Zimmer lagen viele Sachen auf einem Haufen: Pappkartons, grüne Flaschen, Zeitungen, Kleidungsstücke, eine Trompete mit einer Delle, ein alter Krug ohne Henkel, eine geknickte Gänsefeder, ein leeres Tintenfass und noch viel mehr.

Bär lief zu einem Stapel Kartons. »Die müssen auch aufgeräumt werden«, sagte er. Er schob die Schachteln zu dem Haufen und nickte. »Und diese Kiste stelle ich auch noch dazu.«

»Äh … Bär«, sagte Biene leise.

Bär holte einen Weidenkorb aus der Ecke und stellte ihn auf die Kiste. »So.« Er schaute sich um. »Jetzt sieht es schon viel besser aus.«

Dann ging er zu einem hohen Schrank.

»Hm«, murmelte er. »Was ist denn da eigentlich drin?«

Er machte die Türen auf. Eine Staubwolke wehte heraus.

»Uch, uch.« Bär wedelte den Staub weg. »Wie lange liegt der Staub hier schon?«

»Bär?«, versuchte Biene es noch einmal. »Hör mal, Bär.«

Aber Bär rannte zur anderen Seite des Dachbodens.

»Schau mal, Biene!«, rief er. »Ein Stapel Zeitschriften und noch mehr alte Zeitungen.« Bär nahm einen Stapel und brachte ihn zu dem Haufen.

»Bär!« Bienes Flügel zitterten. »Hör doch mal zu.«

Bär blieb stehen. »Ja, ich höre.«

Biene flog zur Kiste und setzte sich darauf.

»Du legst alle Sachen mitten in den Raum«, sagte Biene.

Bär nickte. »Um sie aufzuräumen.«

»Aber jetzt hast du einen ganzen Müllberg hier. So wirst du nie fertig mit Aufräumen!«

»Das verstehe ich nicht.« Bär zuckte mit den Schultern.

»Schau mal«, fuhr Biene fort. »Gleich nimmst du diese Schachteln und stellst sie mitten in den Raum, nicht wahr?«

Bär nickte.

»Dann willst du die Kiste und den Korb auch da hinstellen, oder?«, fragte Biene.

Bär nickte wieder. »Ja, die müssen ausgeleert werden.«

»Und dann rennst du zum Schrank, zu den Zeitschriften und den alten Zeitungen«, sagte Biene. »Auf diese Art bekommst du nichts aufgeräumt.«

Bär setzte sich auf einen Stapel altes Papier. »Glaubst du?«, fragte er.

Biene nickte. Bär betrachtete den Müllberg. Er legte den Kopf auf die Pfoten und seufzte. »Mein Dachboden-Aufräum-Tag klappt nicht besonders gut.«

Biene setzte sich neben Bär.

»Kann ich dir vielleicht helfen?«, fragte sie.

Bär hob den Kopf. »Würdest du das tun?«

Biene nickte. »Natürlich. Wir räumen alles Stück für Stück auf. Womit willst du anfangen?«

Bär schaute sich um. »Mit einem … mit einem Honigkeks?«

Hund

Dicke Regentropfen schlugen an das Fenster von Bärs Höhle. Der Wind fegte durch den Garten und um die Höhle und den Baum.

Bär saß drinnen am Fenster. Er stützte seinen großen Kopf auf die Pfoten. Ein dicker Tropfen rollte an der Scheibe herunter.

»Es sieht aus, als ob das Fenster weint«, sagte Bär. »Man könnte selbst ganz traurig davon werden.« Er seufzte tief. »Ob Biene wohl zum Tee kommt?«

Biene saß am Eingang ihres Korbs. Sie betrachtete die grauen Wolken, die vorbeitrieben.

»Was für ein Wetter.« Sie kniff die Augen zu. »Bei so einem Wetter jagt man keinen Hund vor die Tür.« Sie grinste. »Und bestimmt keine Biene mit dünnen Flügeln.«

Dicke Tropfen fielen in die Pfütze vor dem Korb.

Biene drehte den Kopf in Richtung Hügel. »Aber vielleicht hat Bär Tee aufgesetzt«, überlegte sie laut.

Nervös lief Biene hin und her.

»Und ich bin nicht da. Ich werde ihm einen kleinen Brief schreiben.«

Biene nahm einen Zettel und schrieb:

Bester Bär,
es regnet Bindfäden. Da würde man
keinen Hund vor die Tür jagen. Und ganz
bestimmt keine Biene mit dünnen Flügeln.
Hast du den Tee aufs Stövchen gestellt?
Deine trockene Freundin Biene.

Biene faltete den Brief zusammen und betrachtete ihn.

Sie zuckte mit den Schultern. »Na ja, wenn Igel vorbeikäme, könnte ich ihm den Brief auf den Rücken stecken. Dann könnte er ihn zu Bär bringen. Aber bei diesem Regenwetter?« Biene schüttelte den Kopf.

»Ich glaube, Igel sitzt schön trocken unter seinem Holzstapel.«

Biene schaute vom Brief zu dem Regenbach neben dem Sandweg.

»Und wenn ich …« Sie wartete einen Moment. »Ja«, fuhr sie fort, »das ist es. So könnte es klappen.«

Biene machte sich daran, den Brief zu falten. Erst sah er aus wie ein kleiner Hut. Biene faltete weiter.

»So.« Sie sah stolz aus. »Ein richtiger Bootbrief.«

Biene flog schnell zum Regenbach neben dem Pfad.

Sie stellte das Boot hinein und gab ihm einen Schubs.

Dann flog Biene zurück zum Korb. Das Boot verschwand in der Kurve des Sandwegs.

Gerade als ihre Flügel wieder trocken waren, hörte Biene ein seltsames Geräusch.

»Das klingt wie Hundegebell«, sagte sie erstaunt. »Wie ist das möglich?«

Biene schaute über das Feld.

»Nichts zu sehen. Nur dass es noch immer regnet.«

Sie schaute zum Wald.

»Ja, da höre ich es wieder. Es scheint näher zu kommen.«

Biene reckte so weit wie möglich den Kopf.

»Ich höre das Geräusch, aber ich sehe nichts.«

Das Bellen kam näher, schien aber immer wieder hinter einem Baum hängen zu bleiben.

Und dann war es still.

Biene stand auf Zehenspitzen und summte mit den Flügeln.

»Wau, wau«, bellte plötzlich ein Riesentier vor Bienes Korb.

Biene taumelte erschrocken zurück und rollte in den Korb.

»Oh, das tut mir Leid, Biene«, sagte eine besorgte Stimme genau vor dem Eingang. »Hast du dir wehgetan?«

»Bär?« Biene hob erschrocken den Blick. »Bist du das?« Sie krabbelte hoch und schaute vorsichtig hinaus. »Bär?«

»Ja, ich bin's«, sagte Bär. »Ich … äh … Es tut mir Leid, Biene. Ich wollte dich wirklich nicht erschrecken.«

Bär rieb sich verlegen die nasse Nase. »Ich habe deinen Brief gefunden. Und ich fand das mit dem Hund so witzig.«

»Mit dem Hund?«, fragte Biene.

Bär nickte. »Ja. Du hast doch geschrieben, dass man keinen Hund vor die Tür jagen würde.«

»Ja, das stimmt«, sagte Biene.

Bär zog die Schultern hoch. »Und da habe ich gedacht, dass ich …«

»Dass du vielleicht einen Hund spielen könntest«, sagte Biene.

»Ja.« Bär fuhr verlegen mit der Pfote durch die große

Pfütze. »Ich habe gedacht, ich könnte dich holen. Dann könntest du zwischen meinen Pfoten sitzen. Schau, hier.« Bär machte aus seinen beiden großen Pfoten eine kleine Höhle. »Da bist du ganz trocken. Und der Tee ist noch warm.«

Biene sprang auf. »Hast du Tee gekocht?«

Bär nickte. »Tee mit einem Honigkeks.«

»Wau, wau«, machte Biene.

»Wau, wau«, bellte Bär fröhlich zurück.

Wettkampf

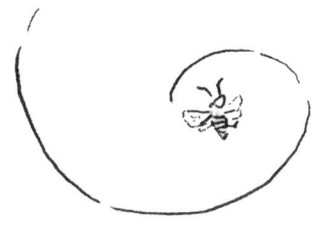

He, Bär, bist du bereit?«
Biene flog in einem großen
Bogen über die Eiche, schlug einen kleinen Salto und landete auf
der Fensterbank von Bärs Haus.

»Was meinst du mit bereit?« Bär blickte erstaunt von
seinem Buch auf. »Wofür sollte ich bereit sein?«

»Für den Wettkampf, natürlich.« Biene hüpfte auf
und ab.

Bär legte den Kopf schräg. »Für welchen Wettkampf?«

»Weißt du es nicht mehr?«, fragte Biene. »Wir haben
doch abgemacht, dass wir heute eine Runde um den
Teich machen. Wir wollten doch sehen, wer gewinnt?«

Bär gähnte und streckte seine dicken Pfoten aus.
»Ah jaaa. Eine Runde um den Teich. Stimmt. Und
das sollte heute sein?«

»Ja, Bär, heute.« Biene nickte ungeduldig. »Ich habe
heute Morgen im Wald schon geübt.«

»Wirklich?«

»Ja.« Biene flog hoch. »Ich bin zweimal über die Blumenwiese geflogen. Ich habe Springübungen über die Maulwurfshügel gemacht. Und ich bin mindestens fünfzig Mal zwischen den Buchen im Zickzack geflogen. Schau, so.« In einem weiten Zickzack flog Biene über Bärs Kopf.

»Prima.« Bär gähnte noch einmal. »Vielleicht sollte ich auch noch ein bisschen üben. Morgen früh oder so.«

»O nein, Bär.« Biene schüttelte den Kopf. »Nicht morgen früh. Leg das Buch hin und komm mit zum Teich.«

»Okay, Biene, okay, ich komm ja schon.«

Bär stand auf und legte sein Buch auf die Bank. Er streckte sich und kratzte seinen dicken Bauch.

»Komm schon, Bär.« Biene flog ungeduldig hin und her. »Beeil dich ein bisschen.«

Bär seufzte tief und folgte Biene. »Hast du eine Ahnung, wie lange man braucht, wenn man um den Teich laufen will?«, fragte er unterwegs.

»Das hängt ein bisschen davon ab«, sagte Biene.

»Wie meinst du das?«, fragte Bär. »Ist die Strecke um den Teich nicht immer gleich lang?«

Biene nickte. »Klar ist sie das. Aber wenn man einen Wettkampf macht, versucht man, so schnell wie möglich um den Teich zu rennen.«

»So schnell wie möglich?« Bär sah ans andere Teich-
ufer in der Ferne.

»Weißt du denn nicht mehr, wie ein Wettkampf
geht?«, fragte Biene. »Schau, man macht erst ab, wo
man anfängt und wo man ankommt. Dann rennt
man gleichzeitig los, und wer als Erster ankommt,
hat gewonnen.«

»O ja«, sagte Bär.

Biene deutete auf ein langes Schilfrohr im Wasser.

»Unser Wettkampf um den Teich geht so. Hier fangen
wir an. Wir rennen um den Teich, und wer als Erster
wieder an diesem Stängel ist, ist der Gewinner.«

»Was bekommt der Gewinner?«, fragte Bär.

»Der Gewinner bekommt eine Belohnung«, antwortete Biene.

»Was für eine Belohnung?«

Biene zuckte mit den Schultern. »Einen hübschen
Kranz oder einen Pokal oder so.«

»Ach so.« Bär nickte. »Einen Pokal oder einen
Kranz.«

»Findest du eine Belohnung nicht gut?«, fragte Biene.

»Doch, doch.« Bär nickte. »Aber ich hätte lieber eine
andere Belohnung.«

»Eine andere?«, fragte Biene.

»Was hältst du von einem Stück Blaubeertorte?«,
schlug Bär vor.

Biene nickte. »Lecker.« Sie stellte sich neben den Schilfstängel. »Bist du bereit?«

»Für die Torte?«

»Nein, Bär, für den Wettkampf.«

»Warte.« Bär stellte sich neben Biene. »Also, wer gewinnt, bekommt ein Stück Torte?«

»Das ist die Belohnung«, sagte Biene.

Bär beugte sich vor. »Was hältst du davon«, flüsterte er, »dass der, der nicht gewinnt, auch ein Stück Torte bekommt?«

Biene schaute ihn erstaunt an. »Auch ein Stück Torte? Warum denn das?«

Bär grinste. »Zum Mitfeiern, weil der andere gewonnen hat.«

Biene lachte. »Bär, du bist ein Spinner. Aber ich finde diese Idee prima.«

»Das nenne ich einen schönen Wettkampf.« Bär hüpfte auf und ab. »Ich bin bereit, Biene.«

»Für die Torte?«

Wieder grinste Bär. »Für den Wettkampf, natürlich.«

»Drei, zwei, eins … los!«

Blaubeeren

Bär lief auf der anderen Seite des Hügels herum. Dort standen die Birkenbäume des Waldes und dort wuchsen die Blaubeersträucher.

»Ich glaube, ich habe genug Blaubeeren für die Torte.« Er schaute in den Weidenkorb. »Für die Blaubeertorte reicht es bestimmt.«

Bär ging ruhig weiter. Da und dort pflückte er noch ein paar Blaubeeren.

»Biene wird sich freuen, wenn ich sie mit der Torte überrasche«, sagte Bär und lächelte. »Ein Geburtstag ist doch wirklich etwas Besonderes.«

Bär schaute noch einmal in den Korb. »Es bleiben wohl noch welche übrig, sodass ich eine warme Soße machen kann.«

Bär lief das Wasser im Mund zusammen.

»Für den Pudding.« Er nickte. »Biene bekommt von mir einen Spezial-Geburtstags-Pudding mit warmer Blaubeersoße. Der schmeckt ihr bestimmt.«

Bär betrachtete die Blaubeere, die er in der Pfote hielt. Sind sie auch süß genug?, fragte er sich. Ich muss mal eine probieren, um ganz sicher zu sein. Angenommen, die Beeren sind ganz sauer. Das kann ich Biene doch nicht antun. Bär kniff die Augen zu, als probiere er eine saure Blaubeere.

»Brrr«, sagte er. »Ich darf gar nicht daran denken. Soll ich probieren? Nur eine. Ich habe ja sowieso genug.«

Bär steckte die Beere in den Mund.

»Hmm, nicht schlecht.« Er nickte. »Sogar sehr lecker.«

Bär machte sich auf den Weg zu seiner Höhle.

Ein paar Schritte weiter blieb er stehen.

»Angenommen«, er schaute in den Korb, »angenommen, dass diese Beere sehr sauer ist. Das würde Biene nicht gefallen. Ich werde sie probieren.«

Er steckte die Blaubeere in den Mund.

»Was für ein Glück.« Er nickte. »Die war auch süß. Aber diese da, wie wird sie schmecken?«

Bär aß sie auf.

»Herrlich«, seufzte er. »So süß, wie sie sein sollte.«

Bär steckte noch eine Beere in den Mund. Und noch eine und noch eine. Der Korb wurde langsam leer.

Gerade als Bär seine Pfote wieder in den Korb steckte, kam Biene angeflogen.

»Hallo, Bär«, rief Biene.

»Ach, du bist's, Biene.« Bär hob eine Pfote.

»He, Bär«, sagte Biene. »Deine Pfote ist ganz blau. Hast du dir wehgetan?«

»Oh!« Bär betrachtete seine blaue Pfote. »Nein, habe ich nicht.«

»Und deine Lippen, Bär. Deine Lippen sind auch ganz blau.«

»Wirklich?« Bär rieb sich mit der Pfote über den Mund.

»Hast du vielleicht Blaubeeren genascht?«

Bär nickte.

»Die Blaubeeren waren … äh …« Verlegen schaute er in den Korb. »Sie waren eigentlich für dich.«

»Für mich?«, fragte Biene verwundert.

»Ja, für deine Geburtstagstorte«, sagte Bär. »Und für deinen Geburtstagspudding. Eigentlich sollte es eine Überraschung werden.«

»Ich habe gar nicht gewusst, dass du eine Torte für mich machen willst«, sagte Biene. »Das ist wirklich eine Überraschung.«

»Aber … aber …«, stotterte Bär, »die Blaubeeren sind fast alle weg. Ich wollte wissen, ob sie süß genug sind für dich.«

Biene nickte. »Und? Waren sie süß?«

»Sie waren wunderbar«, sagte Bär.

»Was für ein Glück«, sagte Biene. »Aber ich habe auch eine Überraschung für dich, Bär.«

»Was denn?«

»Ich wollte dich zu meinem Geburtstag einladen«, sagte Biene. »Zu einem Stück Kuchen.«

»Hast du einen Kuchen gebacken?«

»Ja. Geburtstagskuchen mit süßem Honig und gerösteten Eicheln.«

Bär strahlte. »Was für eine Überraschung!«, rief er.

Sturm

Über Bärs Höhle wurde es dunkel. Bär schaute durch das Fenster nach draußen. Er beugte sich vor, um die dicken Wolken zu betrachten.

»Die haben es aber eilig«, sagte er. »Das wird bestimmt ein Unwetter. Vielleicht kommt ja ein Sturm auf.«

Die Fensterläden klapperten gegen die Außenwand.

»Ich mache sie besser zu«, dachte Bär. »Man weiß ja nie, ob's nicht wirklich anfängt zu stürmen. Angenommen, ein dicker Ast bricht ab und wird durch das Fenster hereingeweht. Dann habe ich den Sturm im Haus.«

Bär zog seine dicke Jacke an und ging zur Tür.

»Einen Sturm im Haus kann ich nicht brauchen«, sagte er.

Bär machte die Tür auf. Ein heftiger Windstoß schob ihn zurück.

Bär lachte den Wind an. »Aha, du willst also nicht, dass ich rausgehe. Das werden wir ja sehen!«

Bär trat hinaus und zog die Tür zu. Er stellte den

Kragen auf und lief zum Fenster. Gerade als er die Läden festmachen wollte, hörte er jemanden rufen.

»Das kam von drüben«, murmelte Bär. Er schaute zum Waldrand. »Mir war, als hätte jemand ›Bär‹ gerufen. Das kann doch gar nicht sein. Wer geht bei so einem Sturm schon hinaus?«

Mit einem dicken Seil band Bär die Fensterläden aneinander fest. Plötzlich hielt er inne.

Vielleicht ist Biene doch zum Kleefeld geflogen?, dachte Bär. Ich habe ihr doch gesagt, dass es einen Sturm gibt. Und wenn es stürmt, geht man besser nicht aus dem Haus. Biene hat genickt und gesagt, ich hätte Recht. Vielleicht ist etwas mit ihr passiert. Vielleicht ist sie … O nein, daran will ich nicht denken, das darf nicht sein. Ich muss unbedingt herausfinden, ob es Biene war, die gerufen hat.

Bär zog seinen Kragen hoch und steckte die Pfoten tief in die Jackentaschen. So lief es sich besser, fand er.

Er stieg den steilen Hügel hinauf. Die Bäume bogen sich im Wind.

Hinter dem Hügel war der Waldrand. Bär schaute hoch. Dort lag das Kleefeld.

Bär stieg weiter. Oben auf dem Hügel wurde er fast wieder hinuntergeweht, so heftig blies der Wind. Bär kniff die Augen fast ganz zu. Durch die Schlitze sah er das Kleefeld wogen wie ein violettes Meer.

Ob Biene hier war? Bär schaute hinunter. Er formte aus seinen Pfoten einen Trichter und rief: »Biene! Biiiie-ne! Wo bist du? Biiiie-ne!«

Dann legte er sich die Pfoten hinter die Ohren, um besser zu hören.

Aber er hörte nichts, nur den Wind.

Bär drehte sich nach rechts und rief wieder: »Biiiie-ne! Biiiie-ne! Wo bist du?«

»Hier bin ich«, rief eine kleine Stimme. »Hier bin ich. Bär, wo bist du?«

Bär schaute zu der dicken Eiche direkt neben dem Feld und lief darauf zu.

»Biene, wo steckst du? Bist du hier irgendwo?«

»Hier bin ich«, rief Biene zitternd. »Hier, unter der dicken Eichenwurzel.«

Bär bückte sich und schaute unter die Wurzeln.

»Oh, Biene, da bist du ja.«

»Ach, Bär, ich bin so froh, dass du da bist. Ich wollte zum Feld fliegen und da hat es angefangen zu wehen und ich hatte so Angst …«

»Ruhig, Bienchen«, sagte Bär tröstend. »Ganz ruhig. Du siehst ja richtig verweht aus. Sei ganz ruhig, ich bin doch da.«

Biene nickte. »Ja, jetzt bist du da.«

Sie zitterte heftig mit den Flügeln.

»Komm mit mir«, sagte Bär lächelnd.

Er streckte eine große Pfote aus.

»Komm her in meine Pfote«, sagte er. »Da ist es ganz ruhig. Wir gehen nach Hause. Komm.«

Sich trauen

Es war schon herbstlich, ein Oktobertag. Ein Tag mit einem bisschen Sonne, einem bisschen Regen und wieder Sonne oder einem kleinen Schauer. Ein grauer Tag draußen und ein warmer Tag drinnen, in Bärs Haus.

Bär saß in seinem Schaukelstuhl. Der war an einem Herbsttag wie heute doch wärmer als der Nachdenkstein oben auf dem Hügel. Dort konnte es ganz schön stürmen.

Denken kann man überall, hatte Biene einmal gesagt.

Darüber muss ich nachdenken, hatte Bär geantwortet.

Biene hatte Recht. Man konnte überall denken. Trotzdem hatte Bär das Gefühl, als könne er auf dem Nachdenkstein viel besser denken. Genau wie im Schaukelstuhl. Da dachte es sich fast von selbst.

Der Schaukelstuhl schaukelte wunderbar hin und her. Wenn Bär im Schaukelstuhl saß, fing er an zu schlaf-denken. Aus dem Schlaf-Denken wurde nach einer Weile oft ein Einschlaf-Denken. Aber das fand Bär nicht schlimm.

»Einschlaf-Denken ist auch notwendig«, sagte er dann, wenn er sich gähnend ausstreckte.

Bär schaukelte leicht hin und her. Er dachte über die Honigtöpfe für den Winter nach.

Biene saß auf der Fensterbank. Sie schaute hinaus und ihr Kopf bewegte sich kreisförmig.

»Geht's?«, fragte Bär.

»Ja, ja.« Biene zitterte mit den Flügeln.

»Hm«, brummte Bär.

Er rieb sich mit der Pfote im Nacken.

»Du hast doch keine Schmerzen im Nacken, Biene? Dein Kopf dreht sich die ganze Zeit.«

Biene lachte. »Nein, nein, ich versuche den Schwalben zu folgen.«

»Den Schwalben?«

»Ja«, sagte Biene. »Sie trauen sich, dicht über den Boden zu fliegen.«

Bär erhob sich aus dem Schaukelstuhl und schaute auch hinaus.

Er nickte. »O ja, sie trauen sich wirklich, dicht über den Boden zu fliegen. Richtige Akrobaten.«

Biene hüpfte vor dem Fenster auf und ab. »Wenn ich mich das auch mal trauen würde, das wäre toll. Was meinst du, Bär?« Biene schaute hoch. »Bär?«

Biene drehte sich um und betrachtete das Zimmer.

»Bär!«, rief sie erschrocken. »Was tust du da?«
»Schau, was ich mich traue«, ächzte Bär. »Auf dem
Kopf im Schaukelstuhl.«
»Das sehe ich.« Biene hüpfte auf die Fensterbank.
»Aber das ist gefährlich.«
»Gefährlich? Nein, wirklich nicht«, antwortete Bär.
»Nicht für einen Akrobaten wie mich.« Er lachte.

»Ich kann sogar einen Keks dabei essen. Schau nur.« Bär versuchte einen Keks zu nehmen, der neben ihm lag.

»Pass auf, Bär, gleich fällst du um.«

»Ach nein.«

Bumm! Mit einem Knall fiel Bär auf den Boden. Der Schaukelstuhl schaukelte wild hin und her.

»Au!« Mit einem schmerzverzerrten Gesicht rieb Bär seinen Bärenpo.

»Bär?« Biene flog erschrocken zu ihrem Freund. »Geht's? Hast du dir sehr wehgetan?«

»Nicht so schlimm.« Bär drehte sich um. »Glaube ich jedenfalls.«

Langsam stand er auf. »Ich glaube, ich traue mich nicht mehr.«

Biene nickte. »Das glaube ich auch.«

»Möchte der Akrobat vielleicht eine Tasse Tee, um sich zu erholen?«

»Gern«, antwortete Bär und rieb sich noch einmal den Po.

Draußen tanzten die Schwalben am Himmel.

Kastanie

Bär lief über das Kleefeld. Er blieb stehen, betrachtete seine Faust, lächelte und nickte.

»Ja, ja«, sagte er leise. »Es ist so. Es ist wirklich so.«
Er stieg über eine wilde Waldanemone und spazierte weiter zum Waldrand. Dort blieb er wieder stehen, betrachtete seine Faust und nickte.

»Es ist immer noch so«, sagte er und atmete tief.
Schnell lief er durch den Wald zum Hügel. Dort lag der Nachdenkstein.

Ob Biene noch dort war? Bär schaute zum Hügel. Ich bin ein bisschen spät, dachte er.

Er beeilte sich. Hoffentlich ist Biene noch da, dachte er. Hoffentlich hat sie auf mich gewartet.

Biene saß auf dem Nachdenkstein.
Ob Bär es vergessen hat?, überlegte Biene. Wir wollten doch zusammen zum Teich gehen. Hoffentlich hat er das nicht vergessen.

Genau in diesem Moment kam Bär oben auf dem Hügel an.

»Hallo, Biene«, keuchte er.

»Hallo, Bär«, sagte Biene. »Zum Glück bist du da.«

»Es tut mir Leid, dass ich mich verspätet habe«, fuhr Bär fort. »Ich habe unterwegs etwas Schönes gesehen.«

»Etwas Schönes?«, fragte Biene.

»Ja.« Bär nickte. »Ich habe es sogar mitgebracht.«

»Wo hast du es?« Biene betrachtete Bär vom Kopf bis zu den Zehen. »Ich sehe nur dich.«

Bär streckte die Pfote aus. »Da ist es. In meiner Faust.«

»Ach ja?« Biene flog auf. »Du hast etwas Schönes in deiner Pfote?«

»Ja«, sagte Bär.

»Was denn?«

»Rate mal.«

»Da muss ich erst mal nachdenken.« Biene betrachtete Bärs Pfote. »Ein Stück Honigkuchen?«, fragte sie.

Bär schüttelte den Kopf. »Nein, kein Stück Honigkuchen.«

»Eine Tasse Tee?« Biene lachte. »Hast du eine ganz kleine Tasse Tee in deiner Faust? Du hältst sie warm.«

Wieder schüttelte Bär den Kopf. »Nein, auch nicht.«

»Kein Honigkuchen, kein Tee«, murmelte Biene.

»Schau mal.« Bär streckte Biene seine Pfote hin.

Biene versuchte durch das winzige Loch zwischen Bärs Fingern zu schauen.

»Ich sehe nichts«, sagte sie. »Es ist viel zu dunkel.«

»Dann fühl mal«, schlug Bär vor.

Biene schob ein Beinchen in Bärs Faust.

»Es fühlt sich glatt an«, sagte sie. »Und ein bisschen hubbelig.«

»Nun?«, fragte Bär.

»Ich glaube«, sagte Biene, »ich glaube, es ist ein alter Spiegel. Ein alter Spiegel ist auch glatt mit ein paar Hubbeln drauf. Ja, Bär, das ist es, ein alter Spiegel.«

»Nein«, sagte Bär. »Kein Spiegel. Noch nicht mal ein alter Spiegel mit Hubbeln.«

Biene seufzte. »Ich gebe es auf, Bär. Das rate ich nie.«

»Weißt du«, sagte Bär, »in meiner Faust ist … ein Wald.«

»Ein Wald?« Biene runzelte die Augenbrauen. »Wie soll das gehen? Ein Wald ist doch nicht glatt und hubbelig. Ein Wald besteht aus Bäumen und Stämmen und Blättern. Und noch viel mehr. Und du sagst, dass du einen Wald in der Pfote hast?«

Bär nickte. »Ja.«

Biene lachte. »Das geht doch gar nicht. Zeig mal.«

Ganz langsam machte Bär die Faust auf.

»Oh.« Biene deutete auf Bärs Handfläche. »Was für eine schöne Kastanie.«

»Gefällt sie dir?«, fragte Bär.
Biene nickte. »Ja. Aber, Bär, die Kastanie ist doch kein Wald, oder?«

»Doch, doch«, sagte Bär. »Diese Kastanie ist ein richtiger Wald. Man sieht es ihr noch nicht an, aber es stimmt.«

Biene verstand kein Wort. »Ein Wald? In einer Kastanie?«

»Hör zu«, fuhr Bär fort. »Wenn du diese Kastanie in die Erde steckst, was passiert dann?«

»Dann wächst ein Baum«, antwortete Biene. »Ein Kastanienbaum.«

Bär nickte. »Genau. Und was wächst an dem Baum?«

»Grüne Blätter«, antwortete Biene.

»Und was noch?«

»Kastanien«, sagte Biene.

»Und wenn du eine von den Kastanien in die Erde pflanzt«, sagte Bär. »Was kommt dann raus?«

Biene deutete auf die Kastanie. »Wieder ein Baum.«

»Ja, Biene. Wieder ein Baum und noch einer und noch einer und …«

»Und ein ganzer Wald.« Biene zitterte mit den Flügeln. »Bär, in der Kastanie steckt wirklich ein ganzer Wald.«

Bär lachte. »Das habe ich doch gesagt.«

»Wunderbar.« Biene tanzte auf und ab. »Ein ganzer Wald in deiner Pfote.«

Bär betrachtete die Kastanie. »Aber wir müssen sie einpflanzen.«

»Was hältst du von einem Wald neben dem Teich?«, fragte Biene.

»Eine tolle Idee«, sagte Bär.

Post

Eines Morgens hörte Bär den Briefkasten klappern.

Post für mich? Bär hob verwundert den Kopf. Er stellte seine Teetasse ab und ging hinaus. In der Ferne sah er Igel noch auf den Sandweg einbiegen.

Ein Brief lag im Briefkasten. Bär nahm den Umschlag heraus. *Für Bär* stand auf der Vorderseite und hinten stand *Von Biene*.

Ein Brief für mich?, dachte Bär. Ein Brief von Biene?

Er zitterte. Er machte sogar einen Luftsprung.

Bär setzte sich auf die grüne Bank vor seinem Haus und legte den Brief auf seinen Schoß.

»Was kann Biene geschrieben haben?«, fragte er laut.

Er lächelte. Er hob den Umschlag hoch und hielt ihn gegen die Sonne.

»Nein.« Er schüttelte den Kopf. »Ich sehe nichts. Nur dass ein Brief im Umschlag ist.«

Bär legte den Brief zurück in seinen Schoß.

»Vielleicht ist es eine Einladung zu ihrem Geburtstag«, sagte er. »Vielleicht darf ich zu Biene gehen. Dann esse ich Torte und trinke wunderbaren Blaubeersaft und …«

Bär runzelte die Augenbrauen und zog die Schultern hoch. »Nein, Biene hat doch gerade erst Geburtstag gehabt. Das ist bestimmt keine Einladung zum Geburtstag. Vielleicht …« Bär hielt den Brief fester. »Vielleicht braucht Biene ja meine Hilfe.«

Bär sprang auf. »Dann muss ich sofort zu ihr.«

Er machte ein paar Schritte zum Gartenzaun und blieb stehen.

»Na ja«, sagte er und betrachtete den Umschlag. »Vielleicht braucht Biene ja gar keine Hilfe. Vielleicht will sie mir sagen, dass …« Bär schluckte.

»Nein, das geht doch nicht.«

Bär schluckte noch einmal. »Vielleicht will sie mir

sagen, dass sie … dass sie nicht mehr meine Freundin sein will.« Bär schüttelte den Kopf. »Das ist ausgeschlossen. Das … das stimmt nicht. Aber wie soll ich das wissen?«

Bär lief unruhig in seinem Garten hin und her.

»Ach, natürlich«, rief er. »Ich mache den Brief auf und lese einfach, was Biene geschrieben hat.«

Mit zitternden Fingern riss Bär einen kleinen Randstreifen vom Umschlag ab. Er holte den Brief heraus und faltete ihn auf.

Bester Bär, stand da.

»Das bin ich«, sagte Bär und lächelte. Er las weiter.

*Ich wollte dir eigentlich schreiben, dass
ich dir keinen Brief schreiben wollte. Aber
als ich das hinschrieb, merkte ich, dass ich
doch gerade einen Brief an dich schrieb.
Also habe ich beschlossen, dir trotzdem
einen Brief zu schreiben.
Bester Bär, ich habe dir etwas Wichtiges
zu sagen. Es ist so wichtig, dass ich lieber
zu dir komme und es dir selbst sage.
Also bis gleich.
Deine Freundin Biene.*

Bär lächelte. Ach, diese liebe Biene.
Er ging hinein und stellte den Wasserkessel auf den
Herd, um frischen Tee zu kochen.

Geduld

Der Herbst schien viel länger zu dauern als sonst. Die Blätter hatten genügend Zeit, sich einzufärben. Die Blaubeeren hingen viel länger an den Sträuchern. Die Bucheckern hielten sich an den Zweigen fest.

»Der Herbst dauert viel länger als sonst«, sagte Bär, der in die Luft starrte und seufzte.

Biene saß neben Bär auf der Holzbank. Auch sie schaute in die Luft und nickte.

»Ich glaube, ich weiß, woran das liegt«, sagte sie.

»Ach ja? Woran denn?« Bär schaute Biene verwundert an.

»Ich glaube, es hat mit der Karte zu tun, die du letzte Woche bekommen hast.«

»Du meinst die Karte von meinem Cousin, dem Eisbär?«, fragte Bär.

»Diese Karte, ja«, fuhr Biene fort. »Ich glaube, es liegt an der Karte.«

Bär runzelte die Stirn. »Das verstehe ich nicht ganz«, sagte er. »Aber warte, ich werde die Karte holen.«

Bär ging in seine Höhle und kam kurz darauf mit einer großen Karte in der Pfote zurück. Er setzte sich wieder und hielt die Karte mit beiden Pfoten hoch. »Ist sie nicht schön gemacht?«, fragte er und lachte. »Eine Karte in der Form eines Iglus.«
Biene nickte. »Finde ich auch.«
»Ich lese sie dir vor.« Bär faltete die Karte langsam auf.
Er räusperte sich und las mit feierlicher Stimme:

Lieber Cousin,
ich möchte dich gerne zum großen
Familienfest der Bären einladen. Es wird
am 10. Dezember in Grönland stattfinden,
auf dem achten Eisberg links hinter der
Seerobbenkolonie. Es gibt ein kaltes Büfett
mit einem herzlichen Willkommen und
einem frischen Fest, auf dem man sich
warm tanzen kann.
Bis dann. Dein Cousin Eisbär.

»Es liegt an der Karte«, sagte Biene.
»Was liegt an der Karte?«, fragte Bär.
»Schau«, sagte Biene, »du bist zu dem Fest eingeladen worden.«
Bär nickte. »Ja. Ich finde es toll, dass ich hindarf. Es wird ein prachtvolles Fest werden, mit leckeren

Häppchen, mit Päckchen, mit Girlanden und mit Kerzen. Man kann sogar tanzen. Und es ist schon so lange her, dass ich meine Eisbärenfamilie gesehen habe.« Er seufzte. »Ich kann es kaum erwarten, mit ihnen ein Fest zu feiern.«

»Und deshalb dauert dir der Herbst so lange«, sagte Biene.

Bär faltete sein Iglu zu. Er legte die Karte auf seinen Schoß.

»Du hast Recht, Biene«, sagte er. »Deshalb kommt es mir vor, als würde der Herbst so lange dauern.«

»Aber das Fest kommt bestimmt«, sagte Biene beruhigend.

Bär schaute hinauf. Ein großer Schwarm Vögel flog vorbei.

Er nickte. »Ja«, sagte er. »Das Fest kommt bestimmt.«

Neblig

Eines Morgens wachte Biene auf und es war noch ziemlich früh.

Biene gähnte, rieb sich die Augen und fragte: »Ob Bär schon wach ist? Vielleicht können wir zusammen frühstücken. Das ist gemütlich.«

Biene flog aus dem Korb.

»He, was soll denn das heißen?« Biene schaute sich um. »Wohin ist der Wald verschwunden? Und der Hügel?«

Um den Korb herum war alles weiß. Biene verstand das nicht. Sie rieb sich noch einmal die Augen und streckte die Beine vor.

»Ja, die kann ich noch sehen«, sagte sie und nickte. »Und den Korb?«

Sie drehte sich um.

»Was für ein Glück«, seufzte sie. »Der Korb steht noch da. Und dort sehe ich ein bisschen Gras. Aber sonst sehe ich nichts mehr.« Biene schüttelte den Kopf. »Wie kann das sein? Es sieht aus, als wären die Wolken heruntergefallen. Oder vielleicht ist die ganze Welt in der letzten Nacht nach oben umgezogen. Dann leben wir jetzt in den Wolken. Ich verstehe es einfach nicht.«

Biene zitterte mit den Flügeln.

»Ob bei Bär auch die Wolken nach unten gefallen sind?«, überlegte sie. »Ich weiß es nicht.« Sie zuckte mit den Schultern. »Ich werde nachschauen.«

Biene betrachtete die dicke, weiße Wolkenwand.

Soll ich mich trauen?, dachte Biene. Angenommen, man kann nicht hindurchfliegen? Vielleicht werden meine Flügel so nass, dass sie aneinander festkleben. Oder vielleicht pralle ich gegen einen Baum?

Biene zitterte. »So etwas darf ich gar nicht denken.« Sie seufzte und setzte sich auf die Spitze des Korbs. Was nun? Würde es immer so weiß bleiben? Sie überlegte, ob sie Bär vielleicht nie mehr sehen würde.

Noch einmal seufzte Biene. Ihre kleinen Flügel zitterten.

He, dachte sie. Ich werde mal ganz fest blasen, vielleicht nützt das was.

Sie holte tief Luft und blies, so fest sie konnte.

Pffff! »Hmm«, sagte

120

Biene. »Nichts hat sich verändert. Ich probiere es noch einmal.«

Wieder holte sie tief Luft und blies diesmal sogar noch fester. So fest, dass sie einen roten Kopf bekam.

»Ach nein.« Biene schüttelte den Kopf. »Das hat auch nichts genützt.«

In diesem Moment hörte Biene jemanden rufen.

»Biene, Biene, wo bist du?«

»Das ist Bär.« Biene sprang auf. »Ich erkenne ihn an der Stimme.«

»Biene? Bienchen?«

»Hier bin ich.« Biene winkte mit den Pfötchen. »Hier, ich sitze hier.«

»Wo bist du?«, fragte die Stimme wieder. »Ich höre dich wohl, aber ich sehe dich nicht. Ruf noch mal.«

»Hier«, rief Biene. »Hier.«

Sie kniff die Augen zu und spähte durch die weiße Wolke.

BUMM, klang es auf einmal. »Au!«

Erschrocken flog Biene vom Korb auf.

»Bär? Bär? Was ist passiert? Bist du in Ordnung?«

In diesem Moment sah Biene einen großen Fleck in der weißen Wolke. »Bär? Bist du das?«

»Au«, sagte der Fleck, der langsam dunkler und größer wurde.

Ein Fleck, der Au sagt?, dachte Biene. Und der größer wird? Biene war beunruhigt.

»B…b…bär?«, stotterte Biene. »B…b…bist du der Fleck?«

In diesem Augenblick lief Bär auf den Korb zu. Er hielt die Pfote an den Kopf.

»Ein Fleck?« Bär machte ein verdutztes Gesicht. »Eine Beule, würde ich sagen. Ich bin gegen den Baum geknallt.«

»O weh.« Biene flog zu Bär. »Tut es sehr weh?«

»Ziemlich.« Bär rieb die Stelle. »Es ist auch so neblig. Ich konnte dich nicht finden.«

»Ich habe dich auch nicht gesehen.« Biene deutete auf die dichten Wolken. »Ich habe sogar gedacht, dass ich dich nie mehr sehen würde. Und dann kam ein großer Fleck auf mich zu.«

»Ja?« Bär schaute über seine Schulter. »Wo ist der Fleck jetzt?«

Biene lachte. »Das warst du.«

»Ein Fleck mit einer Beule«, witzelte Bär. »Und mit großem Hunger.«

Nun rieb er seinen dicken Bauch.

»Was hältst du von einem Frühstück?«, fragte Biene.

Bär nickte. »Darauf habe ich große Lust. Ein Frühstück für zwei. Dann schwebe ich wieder in den Wolken.«

»Du bist ein Spinner.« Biene prustete vor Lachen.

Immer

Manchmal«, sagte Bär eines Abends, »manchmal habe ich Angst, dass es dich nicht mehr gibt.«

Biene saß neben Bär auf dem Nachdenkstein. Sie schaute zu Bär hinauf.

»Wirklich?«, fragte sie.

Bär nickte. »Ja. Und dann fühle ich mich plötzlich sehr, sehr allein.«

Biene betrachtete den Teich im Tal. Das Wasser wogte sachte auf und ab. Die Stängel des Schilfrohrs zitterten.

Biene rutschte näher zu Bär und legte ihre Hand auf Bärs Pfote.

»Aber Bärchen«, sagte sie. »Ich bin doch da.«

Bär nickte. »Ja, zum Glück. Du bist noch da. Aber manchmal denke ich, dass du weg bist oder umgezogen oder ...« Bär schwieg.

»Oder was?«, fragte Biene und legte den Kopf schief.

»Oder ich denke, dass du nicht mehr meine Freundin sein willst«, flüsterte Bär. »Und dann bist du eigentlich auch nicht mehr da.«

»Ich?« Biene hüpfte hoch. »Ich? Ich sollte nicht mehr deine Freundin sein wollen?«

Biene zitterte heftig mit den Flügeln und trampelte mit den Füßen auf den Nachdenkstein.

»Bär, wie kommst du denn auf so was? Das ... das ist ausgeschlossen.« Biene keuchte. »Ich bin für immer deine Freundin. Für immer, immer.«

»Wirklich?«, fragte Bär. »Für immer?«

Biene nickte heftig. »Natürlich. Selbstverständlich.«

Bär seufzte tief. »Was für ein Glück«, sagte er.

Über dem Teich kreiste ein Reiher. Er machte einen letzten, weiten Bogen. Er klapperte mit den Flügeln, ließ sich ins Wasser sinken und stapfte langsam durch das Schilf zurück.

»Bär?«

»Hmm?«

»Immer ist ein bisschen sehr lang, findest du nicht?«, fragte Biene.

Bär rieb sich den braunen Bauch. Er zuckte mit den Schultern.

»Ist immer sehr lang?«, murmelte er leise vor sich hin und rutschte etwas näher zu Biene hin.

Er seufzte und schaute zur Sonne, die hinter dem Hügel unterging.

»Sag mal, Biene«, fragte Bär dann. »Hört immer jemals auf?«

»Nein«, antwortete Biene. »Immer hört niemals auf.«

Bär lächelte. »Das habe ich mir gedacht.« Er schaute Biene an. Nun war er es, der seine Hand sanft auf ihre legte.

»Dann finde ich immer nicht zu lang«, sagte er und schüttelte den Kopf. »Bestimmt nicht mit dir als Freundin.«

Die Sonne ging nun endgültig hinter dem Hügel unter. Zwischen den Schilfrohren stand der Reiher still auf einem Bein.

mehr lesen

von Stijn Moekaars:

»Mit dir kann ich gut sprechen«, sagte Bär. »Und ich hör dir gerne zu«, sagte Biene.

Am liebsten sitzt Bär auf seinem Nachdenkplatz, unter einem orangenen Baum auf einem orangenen Stein. Es waren eigentlich ein grüner Hügel, ein grüner Baum und ein grauer Stein. Aber Bär saß oben auf dem Hügel, als gerade die Sonne unterging.

Und bevor Bär zu viel Zeit alleine mit Nachdenken verbringt, kommt Biene angeflogen, denn sie liebt es, sich mit Bär zu unterhalten. Über den Mond und den Regen, übers Geborenwerden und Sterben, übers Denken und Vergessen. Natürlich erleben die beiden auch viel gemeinsam, gehen schwimmen, lernen seiltanzen und erfinden Gedichte.

Mit Bildern von Ute Krause.
Ab 5 Jahren zum Vorlesen. 120 Seiten. Gebunden.

Sauerländer

mehr *lesen*

von Gudrun Mebs:

Gudrun Mebs
Herr Leo und sein Michael

Herr Leo wäre so gerne ein richtiger Opa mit einem richtigen Enkelkind. Er hat aber keins, leider. Und außerdem ist er nicht mehr der Jüngste, ein Altmännerbauch ist ihm gewachsen und in seiner Wohnung riecht es nicht so gut. Kochen kann er auch nicht, bloß ein Gericht. Rührei. Gibt es ein Kind auf der Welt, das jeden Tag nur Rührei will? Trotz aller Bedenken geht Herr Leo auf die Suche und ... macht die Bekanntschaft mit Michael! Michael ist ein großer Hund – und nicht gerade zimperlich. Jetzt gehts rund in Herrn Leos Leben: Schon fliegen die Stäbe vom Gitterbettchen aus dem Fenster, ein Kochkurs wird gemacht und im Schwimmbad gehts runter vom Fünfmeterbrett. Seinen Enkelhund hat Herr Leo schnell ganz fest in sein Herz geschlossen.

Mit Bildern von Wolfgang Rudelius.
Ab 6 Jahren zum Vorlesen. 116 Seiten. Gebunden.

Sauerländer